YIDAIYILU CHANGYI XIA ZHONGGUO YU DONGMENG

WENHUA MAOYI GAOZHILIANG FAZHAN YANJIU

"一带一路"倡议下中国与东盟
文化贸易高质量发展研究

杨耀源 ◎ 著

人民出版社

目　录

前　言

　　文化是民族创造力和凝聚力的重要源泉，传递着意识形态和价值观念，已经成为综合国力竞争的重要因素。在全球化成为不可逆转的趋势下，文化交流是国家对外交流与合作的重要方式和渠道，对促进各国间的政治互信和经贸合作发挥了重要作用。

　　随着中国经济实力的日益增强，文化贸易已经成为新的贸易增长点，尤其是在"一带一路"倡议下，文化贸易的重要性不断凸显，在"民心相通"的建设中发挥着重要作用。党的十八届三中全会通过的《中共中央关于全面深化改革若干重大问题的决定》，提出了未来三十五年的文化发展战略背景：建设社会主义文化强国和增强国家软实力；坚持社会主义先进文化前进方向，大力培育践行社会主义核心价值观，巩固社会各界的共同思想基础；勇于面向世界，尽快形成与我国经济社会发展水平和国际地位相适应的文化软实力。要实现这一目标，积极发展中国对外文化贸易、更大力度地推动具有中国特色的文化产品和服务走向全球、扩大全球市场以及加快文化企业走出去步伐成为重要举措。中国与东盟已步入"钻石十年"的合作，是促进中国与东盟国家经济与文化往来的重要时期。与东盟国家的文化贸易往来，不仅能够给我国带来经济利益，更能够提升我国的国际影响力和号召力。若想在"一带一路"倡议下推进中国与东盟文化贸易高质量发展，就需要对中国与东盟国家的文化贸易高质量发展的现实基础有清晰的认识，明确中国与东盟文化贸易高质量发展的定位要求，找出中国与东盟文化贸易高质量发展面临的多重机遇，正视制约中国与东盟文化贸易高质量发展的现实挑战，从而提出推进中国与东盟文化贸易高质量发展的对策建议，为中国东盟文化贸易高质量发展提供参考借鉴。

从理论意义上来看，本书综合运用国际关系学、国际贸易学、文化管理学、国际政治经济学等相关学科理论，基于"一带一路"倡议的背景系统研究中国与东盟文化贸易。研究成果有助于丰富中国对外文化贸易研究，具有一定的理论和创新价值。从实践意义上来讲，研究成果有助于明确文化贸易在"一带一路"倡议推进中的作用，有助于中国政府制定切实可行的对外文化贸易政策，从而避免东盟国家对"一带一路"倡议产生误解和抵制。研究成果也可以为相关部门提供智库支持和决策参考。

第一章　相关概念和理论基础

第一节　相关概念的阐述

不论是基于理论研究还是政策研究，对中国与东盟文化贸易的研究都需要理解和掌握其概念和理论基础，这有助于深化研究广度和深度。近年来中国与东盟文化贸易加快发展，但当前对该领域的理论研究尚处于起步和探索阶段。本章首先界定文化贸易的概念、高质量发展的基本内涵，以及"一带一路"的特征，进而对包括战略性贸易理论、国家竞争优势理论，以及文化贸易制约因素等相关理论进行阐述。

一、文化贸易的概念

国际货币基金组织和联合国教科文组织对文化贸易的概念进行了比较权威的阐述。国际货币基金组织在《国际收支手册》中对国际文化贸易的界定为，居民与非居民之间、有关个人、文化和娱乐的服务贸易，可以细分为两类：一类是声像和有关服务，包括电影、电视节目和音乐等[①]；二类是其他文化和娱乐服务，包括博物馆、图书馆等。[②] 联合国教科文组织公布的《1994 年至 2003 年文化商品和文化服务的国际流动》报告中，对文化产品和文化服务作出了如下定义：文化产品一般是指传播思想、符号和生活方式的消费品。[③] 图书、杂志、多媒体产品、软件、录音带、电影、视听节目、手工艺品和时装设计组成了多种多样的文化产品。[④] 文化服务是指满足人们文化兴趣和需要的行为，这种行为通常不以货物的形式出现，它是指政府、私人机构和半公共机构为社会文化实践提供的各种各样的文化支持，这种文化支持包括举行各种演出、组织文化活动、推广文化信息以及文化产品的收藏（如图书馆、文献资料中心和博物馆等）。[⑤] 联合国教科文组织对文化商品贸易给出了明确的定义，即作为有形和无形物质的进出口，以商品或服务的形式传递文化内容。[⑥]

国内外学界对文化贸易概念的内涵有不同的解读。范格拉斯泰

---

① 李小牧、李嘉珊：《国际文化贸易：关于概念的综述和辨析》，《国际贸易》 2007 年第 2 期。

② International Monetary Fund，Balance of Payments Manual，https：//www.imf. org/external/np/sta/bop/bopman.pdf.

③ UNESCO Institute for Statistics UNESCO Sector for Culture，International Flows of Selected Goods and Services（1993–2004）：International Flows of Selected Goods and Services，2005，http://uis.unesco.org/sites/default/files/documents/international-flows-of-selected-cultural-goods-and-services-1994-2003-en_1.pdf.

④ 沈晓晴等：《我国文化贸易现状与发展对策研究》，《中国市场》2010 年第 13 期。

⑤ 张玉国、朱筱林：《文化、贸易和全球化（上）》，《中国出版》2003 年第 1 期。

⑥ 臧新等：《文化亲近、经济发展与文化产品的出口——基于中国文化产品出口的实证研究》，《财贸经济》2012 年第 10 期。

克认为，可交易的文化实体可被定义为能生产或分配物质资源的产品和服务，这些产品和服务能通过音乐、文学、戏剧、喜剧、文档、舞蹈、绘画、摄像和雕塑等艺术形式娱乐大众或激发人们思考。[1] 这些艺术形式，有的能以现场表演的方式（例如音乐厅和舞台剧）展示给大众，有的却是先被存储记录下来（如在压缩光盘里）再卖给大众。[2] 这里面同样还包括储存和分配文化产品的机构，它们有的以公共服务的形式存在（如图书馆和博物馆）；[3] 有的以商业形式存在（如电视台和美术馆）；有的则两者兼而有之。[4] 塔尼亚（2010）的研究将文化产品局限在由音像、印刷和出版等文化产业生产和提供的文化产品内。[5] 李怀亮（2008）认为，文化贸易是指世界各国（地区）之间所进行的以货币为媒介的文化交换活动，它既包括有形商品的一部分，例如音像录影制品、纸版出版物等，也包括无形商品，例如版权、关税等。[6]Disdier, Tai, Fontagne, and Mayer（2005）探讨了双边文化商品贸易的决定因素，并以文化商品贸易为代表，研究国家的文化邻近性，认为文化品位相近的国家之间的双边交流更加密切。研究发现，文化

---

[1] 王晓芳、魏政文：《文化产品国际贸易理论综述》，《中国经济导刊》2012 年第 13 期。

[2] 王晓芳、魏政文：《文化产品国际贸易理论综述》，《中国经济导刊》2012 年第 13 期。

[3] 蒋多、王海文：《优化我国对外文化服务贸易统计制度的思路与方法》，《中国海洋大学学报（社会科学版）》2014 年第 5 期。

[4] Grasstek, Van, "Treatment of Cultural Goods and Services in International Trade Agreements", Mimeo（2005）.

[5] 王晓芳：《文化贸易理论文献综述》，《北京联合大学学报（人文社会科学版）》2012 年第 4 期。

[6] 张丽：《美国文化贸易政策的国内政治因素》，《理论界》2012 年第 8 期。

流动对整体贸易产生了积极而重要的影响。[1] 周成名认为，文化产品贸易属于国际贸易中的一种特殊的服务贸易，它是与知识产权的文化产品和文化服务的贸易活动。[2] 高洁（2005）认为，文化贸易主要是指与知识产权有关的文化产品和文化服务的贸易活动。有些学者把文化产品贸易分为硬件贸易和软件贸易。一般来说，文化硬件指用来生产、储存、传播文化内容的器物工具和物态载体，如摄影器材、游戏和娱乐器材、艺术创造和表达的工具等[3]；文化软件则是指包含文化内容的产品和文化服务，包括广电节目、电影动画片、印刷出版物、视听表演艺术、载有文化艺术内容的光盘、视盘和多媒体、娱乐、会展等。

中国对外文化贸易的数据统计处于不断完善和发展之中。2015年，中国国家商务部、中共中央宣传部、文化部等多家部委联合发布了《对外文化贸易统计体系（2015）》。文化产品进出口统计目录分为核心层与相关层，包括出版物、工艺美术品及收藏品、文化用品及文化专用设备四大类共 268 个 8 位海关商品编码；文化服务进出口统计目录也分为核心层与相关层，涵盖六大类，21 个中类，46 个小类。

二、"一带一路"倡议

"一带一路"（The Belt and Road，缩写 B&R）是"丝绸之路经济

---

① 朱晓辉：《文化贸易与上海经济转型发展的关系研究》，硕士学位论文，浙江理工大学经济系，2015 年，第 7 页。

② 王晓芳、魏政文：《文化产品国际贸易理论综述》，《中国经济导刊》2012 年第 13 期。

③ 张蹇：《国际服务贸易与国际文化服务贸易之辨析》，《江南大学学报（人文社会科学版）》2011 年第 2 期。

带"和"21世纪海上丝绸之路"的简称，2013年9月和10月中国国家主席习近平分别提出建设"丝绸之路经济带"和"21世纪海上丝绸之路"的合作倡议。① 依靠中国与有关国家既有的双多边机制，借助既有的、行之有效的区域合作平台，"一带一路"旨在借用古代丝绸之路的历史符号，高举和平发展的旗帜，积极发展与沿线国家的经济合作伙伴关系，共同打造政治互信、经济融合、文化包容的利益共同体、命运共同体和责任共同体。②2015年3月28日，国家发展改革委、外交部、商务部联合发布了《推动共建丝绸之路经济带和21世纪海上丝绸之路的愿景与行动》，《愿景与行动》是以"和平合作、开放包容、互学互鉴、互利共赢"为主题的新时代下，面对经济复苏缓慢的形势提出来的，共建"一带一路"旨在促进经济要素有序流动，开展深层次、宽范围、高水平的区域合作，要求增强与沿线各国的人文交流与文明互鉴。③

随着中国经济实力的不断增强，文化贸易逐渐成为新的贸易增长点，尤其是在"一带一路"倡议下，文化贸易的重要性不断凸显，在民心相通的建设中起到了重要作用。2016年发布了《文化部"一带一路"文化发展行动计划》（简称《行动计划》），通过多元化的文化交流合作和文化贸易合作，推动中国与沿线各国文化的互学互鉴，这为中国文化贸易发展迎来重大历史契机。《行动计划》中将健全"一

---

① 沈菲：《"一带一路"战略对外传播效果的优化与提升》，《今传媒》2015年第7期。

② 范鹏：《凝聚人类命运共同体的文化共识》，《丝绸之路》2017年第23期。

③ 邓子璇：《"一带一路"背景下中国与沿线国家文化贸易影响因素研究》，硕士学位论文，湖南师范大学管理系，2019年，第23页。

带一路"文化交流合作机制及平台、打造"一带一路"文化交流品牌、推动"一带一路"沿线文化产业繁荣发展等作为重点任务予以详述。当前"一带一路"正迈向高质量发展阶段,这要求推进民心相通向高质量发展,全面推动不同文明互学互鉴与交流合作,也为推动文化产品和服务的对外贸易创造了新的机遇。与此同时,"一带一路"从谋篇布局的"大写意"阶段转向精耕细作的"工笔画"阶段,客观上对推进中国文化贸易市场进入"一带一路"沿线国家创造了现实基础,中国与东盟文化贸易可以在"一带一路"沿线国家发挥先行先试的作用,对助推中国与沿线各国的文化经贸合作产生示范效应。

三、高质量发展的基本内涵

2017年10月,习近平总书记在党的十九大报告中,首次提出高质量发展,强调我国经济已由高速增长阶段转向高质量发展阶段,必须坚定不移贯彻创新、协调、绿色、开放、共享的发展理念。同年12月,习近平总书记在中央经济工作会议上又重申"推动高质量发展"对于工作全局的重要意义,指出高质量发展是我们当前和今后一个时期确定发展思路、制定经济政策、实施宏观调控的根本要求,必须加快形成推动高质量发展的指标体系、政策体系、标准体系、统计体系、绩效评价、政绩考核,创建和完善制度环境。[①]2018年1月在达沃斯论坛上,中共中央政治局委员、中央财经领导小组办公室主任

---

① 赵鹏飞等:《中央经济工作会议传递哪些信号》,《长春市委党校学报》2018年第1期。

刘鹤在演讲中提道："高质量发展的主要内涵就是从总量扩张向结构优化转变，就是从'有没有'向'好不好'转变"。[①]同年2月国家统计局局长宁吉喆在《求是》上的文章《贯彻新发展理念　推动高质量发展》中提出，"高质量发展是创新、协调、绿色、开放、共享的发展"。[②]主要体现在：（1）高质量发展是创新驱动的发展。[③]创新驱动发展是高质量发展的首要内涵，不仅因为创新驱动发展的模式具有高附加值、高效率等"高质量"特征，更因为原来的要素驱动不能解决经济发展中的"生产要素报酬递减和稀缺资源瓶颈"这两个基本问题，科技创新是实现高质量发展的必要技术条件。（2）高质量发展是集约高效的发展。[④]在面临越来越严重的资源和能源约束背景下，高质量发展必须是集约高效的发展，不仅要看总量的增长，更要看投入产出比、看单位产出。在此方面，一些省份已经率先进行实践，比如浙江省在2018年1月就印发了《关于深化"亩均论英雄"改革的指导意见》，提出全面实施"亩产效益"综合评价。（3）高质量发展是平衡充分的发展。[⑤]党的十九大指出："中国特色社会主义进入新时代，我国社会主要矛盾已经转化为人民日益增长的美好生活需要和不

[①]　魏勰、欧阳青燕：《民营企业高质量发展路径探析》，《中国标准化》2019年第21期。

[②]　魏勰、欧阳青燕：《民营企业高质量发展路径探析》，《中国标准化》2019年第21期。

[③]　王振：《上海制造业如何实现高质量的创新驱动》，《上海质量》2018年第7期。

[④]　盛广耀：《黄河流域城市群高质量发展的基本逻辑与推进策略》，《中州学刊》2020年第7期。

[⑤]　白暴力、董宇坤：《新时代中国特色社会主义生产力布局探讨》，《西北工业大学学报（社会科学版）》2018年第1期。

平衡不充分的发展之间的矛盾。"[1] 着力解决发展不平衡不充分的问题，是我国作为社会主义国家的内在要求。不平衡不充分主要是指结构方面的问题，一方面从经济发展客观规律来讲，只有在生产上不断优化产业结构，在分配上避免贫富分化，才能实现经济健康、可持续增长；另一方面从经济地理格局来看，只有在城乡融合发展进程中实现乡村振兴，重塑城乡关系，才能破解城乡发展不平衡、农村发展不充分的问题。(4) 高质量发展是绿色低碳的发展。[2] 我国过去几十年的高速发展，给自然环境带来了巨大的破坏，已经超出了自然环境承载能力，同时环境的破坏也极大降低了人民群众对于发展的获得感。因而，高质量发展的内涵自然包含"绿水青山就是金山银山"，即在保护与发展并举的前提下，实现绿色循环低碳发展、人与自然和谐共生。(5) 高质量发展是开放融合的发展。[3] 实践证明，过去 40 年我国经济发展是在开放条件下取得的，未来我国经济实现高质量发展也必须在更加开放的条件下进行，充分发挥国内与国外两个市场、两种资源的优势，推动形成以国内国际双循环相互促进的新发展格局。(6) 高质量发展是共享共治的发展。[4] 就人类经济社会发展的一般规律而言，罗斯托曾预言一国经济成长必将依次经过六个阶段，即传统社会阶段、起飞准备阶段、起飞阶段、走向成熟阶段、大众高消费阶段和追求生活质量阶段。[5] 为此，物质现代化必须服务于人民现代化，

---

① 潘洋：《党章视野下社会主要矛盾历史探究》，《党史文苑》2019 年第 1 期。

② 常静：《绿色发展理念下探索肇庆高质量发展路径》，《新西部》2019 年第 30 期。

③ 张二震、戴翔：《江苏自贸区建设的目标与思路》，《唯实》2019 年第 11 期。

④ 韦结余：《我国共享发展实现路径探析》，《理论导刊》2019 年第 11 期。

⑤ 胡鞍钢等：《高质量发展：历史、逻辑与战略布局》，《行政管理改革》2019 年第 1 期。

追求生活质量是所有发展方式的最终指向，推动高质量发展归根结底是为了人民，只有以人民为中心的发展才是真正的高质量发展。① 因而，高质量的内涵必须包含"以人民为中心"，即坚持发展为了人民、发展依靠人民、发展成果由人民共享，增进民生福祉，形成有效社会治理、良好社会秩序，促进社会公平正义，增强人民群众的获得感、幸福感、安全感。

第二节　相关理论及分析

本书主要对文化贸易的战略贸易理论和国际竞争优势理论、高质量发展的古典经济学理论和后发国家赶超理论以及文化贸易影响因素进行理论分析。

一、战略贸易理论

战略贸易理论（Strategic Trade Theory）是美国经济学家保罗·克鲁格曼（P.R.Krugman）等提出来的。②1984 年，克鲁格曼在《美国经济学评论》上发表了一篇题为《工业国家间贸易新理论》的论文。克

---

① 胡鞍钢等：《高质量发展：历史、逻辑与战略布局》，《行政管理改革》2019 年第 1 期。

② 吴建强：《国际贸易新理论对我国外贸战略的启示》，《当代经济》2008 年第12 期。

鲁格曼认为，传统的国际贸易理论都是建立在完全竞争市场结构的分析框架基础上的，因而不能解释全部的国际贸易现象，尤其难以解释工业制成品贸易，从而提出应对国际贸易理论的分析框架进行更新的主张。①1985 年，克鲁格曼又在其与赫尔普曼（E.Helpman）合著的《市场结构与对外贸易》一书中，运用垄断竞争理论对产业内贸易问题进行了系统的分析和阐释，并建立了以规模经济和产品差别化为基础的不完全竞争贸易理论模型，即战略贸易理论。② 战略贸易理论认为，传统的贸易理论是建立在完全竞争的市场结构上的，因而主张自由贸易应是最佳的政策选择。但现实中，不完全竞争和规模经济普遍存在，市场结构是以寡头垄断为特征的。这种情况下，政府补贴政策对一国产业和贸易的发展具有重要的战略性意义。在寡头垄断的市场结构下，产品的初始价格往往会高于边际成本。如果政府能对本国厂商生产和出口该产品给予补贴，就可使本国厂商实现规模经济，降低产品的边际成本，从而使本国产品在国内外竞争中获取较大的市场份额和垄断利润份额。同时，规模经济的实现也可以为消费者带来利益。③因此，其理论核心观点是：一国政府在不完全竞争和规模经济条件下，可以凭借生产补贴、出口补贴或保护国内市场等政策手段，扶持本国战略性工业的成长，增强其在国际市场上的竞争能力，从而谋取规模经济之类的额外收益，并借机劫掠他人的市场份额和工业利润。④

---

① 吴建强：《国际贸易新理论对我国外贸战略的启示》《当代经济》2008 年第12 期。
② 池勇海、李德普：《国际贸易基本理论演变述评》，《商业时代》2010 年第 11 期。
③ 吕春成：《战略贸易理论评析》，《山西高等学校社会科学学报》2003 年第 9 期。
④ 郑坤：《经济全球化下的贸易保护问题》，《合作经济与科技》2007 年第 21 期。

以美国和韩国对其文化产业采取战略性贸易政策获得了成功为例。美国政府对文化产业提供了诸多政策支持，完善知识产权的相关立法，提供融资支持，并不断推动产业创新与转型，提高美国的文化产品附加值，最终文化产业成为了美国的支柱产业之一。韩国于1998年提出"文化立国"战略，专门成立"韩国文化产业振兴院"，并依靠三星、SK、LG等财团，通过对文化相关的价值投资，保持技术研发优势，从而推动韩国文化产业的发展。最终，进入新世纪以来，韩国成为崛起的文化产业大国。由此可见，政府的扶持和鼓励政策对一国的产业和贸易发展具有重要的战略性意义。①"一带一路"倡议的核心是秉持共商共建共享的原则，把政策沟通、设施联通、贸易畅通、资金融通、民心相通落到实处，构建贸易合作新机制。"一带一路"倡议中强调的贸易畅通，着重促进贸易投资便利化，拓展沿线各国参与经贸合作的广度和深度，具体内容涉及沿线各国的商品贸易及文化交流，沿线各国通过协商而达成相关协定，形成战略合作伙伴关系。②

二、国家竞争力理论

国际竞争力的内涵不断地演化。其中基于比较优势理论分析方法进行定义的有三个。一是美国竞争力委员会，它认为国际竞争力是一

---

① 张亚斌、雷日辉：《论对外贸易中的大国优势》，《湖南商学院学报》2009年第4期。

② 张亚斌、雷日辉：《论对外贸易中的大国优势》，《湖南商学院学报》2009年第4期。

个国家或地区既能够满足国际市场检验标准的产品和服务，又能长期持续地提高国民生活水平的能力。① 二是瑞士洛桑国际管理发展学院，它认为国际竞争力是一个国家或地区创造与保持一个能够使企业持续产出更多价值、人民拥有更多财富的环境的能力。② 三是经济合作与发展组织，它认为国际竞争力是一个国家或地区能够在公正的市场条件下生产产品和服务的能力，这些产品和服务既能够达到国际市场的检验标准，又能使国家或地区的人民实际收入保持不变或有所提高。③

"竞争战略之父"的麦克尔·波特于 20 世纪 80 年代连续出版《竞争战略》《竞争优势》《国家竞争优势》等系列著作，从管理学角度出发提出，国际竞争力是一个国家或地区能够创造出一个良好的商业环境，使该国家或企业获得竞争优势的能力，其决定因素包括生产要素、需求条件、企业战略、结构、竞争对手的表现、相关产业和支持产业的表现等内生变量，以及政府、机遇两个外生变量，这就是为分析国际竞争力提供新范式且具有奠基意义的"单钻石模型"。从根本上来说，国际竞争力理论研究的是若干行业的竞争优势问题，提出一国政府通过实施相关政策来赢得竞争优势，创造良好的营商环境。

国际竞争力理论对于政策环境不完善的国家有重要的理论指导

---

① 姚菲微：《我国中小企业的国际竞争力探析》，硕士学位论文，对外经济贸易大学国际商务系，2014 年，第 9 页。

② 王勤：《当代国际竞争力理论与评价体系综述》，《国外社会科学》2006 年第 6 期。

③ 王勤：《当代国际竞争力理论与评价体系综述》，《国外社会科学》2006 年第 6 期。

意义。①2001 年中国加入 WTO 后，国内学界开始重视对国际文化竞争力的研究。祁述裕的《中国文化产业国际竞争力报告》，借鉴迈克尔·波特的国际竞争优势理论，以波特的钻石模型为基础，分析并对比了影响文化产业发展的多种元素，总共研究了三大板块，五个要素，其中包括生产要素、相关产业集群、政府行为、需求状况、文化产业发展等情况，分别研究了五个方面对竞争力的影响程度。②李嘉珊提出，中国国际文化竞争力和话语权需要占有更多的国际文化市场份额，发展文化贸易恰恰是提升软实力的现实手段和有效途径，为此提出富有实践价值的提升中国国际文化竞争力的诸多政策建议。

三、全球价值链理论

美国教授麦克尔·波特于 1985 年最早提出"价值链"的概念：在企业中能够创造价值的生产活动链条，包含从设计到销售的各个方面，它们相互关联，共同为创造企业价值服务。此后，在全球价值链理论的发展过程中，学者们还曾用商品链诸多名称等对价值链命名，1985 年 Bruce Kogut 提出"价值增值"，1999 年 Garry Gereffi 提出了"全球商品链"，而后 2001 年又在这一概念的基础上提出广为人知的"全球价值链"概念，同年，sturgeon 则从组织规模、地理分布和生

---

① 王勤：《当代国际竞争力理论与评价体系综述》，《国外社会科学》2006 年第 6 期。

② 祁述裕：《中国文化产业竞争力报告》，社会科学文献出版社 2004 年版，第 34 页。

产性主体三个维度来阐释全球价值链。可以说全球价值链理论发展的过程，就是人类认识加深的过程。全球价值链理论认为，某一国家在全球价值链中的地位可以用垂直专业化指数、出口产品的技术含量等指标来测度，在价值链利益分配中，发达国家主导，拥有更多高端技术和附加值的环节在贸易中取得更多利益。在全球价值链视角下，产业升级是指产业当中的企业进入到创造更多增加值且具有更高科技水平的链条环节，它不一定如传统贸易理论认为的那样发生在产业间，也可能发生在产业内部。[①] 全球价值链动力机制由生产者和购买者驱动，而购买者驱动的趋势越来越明显。从全球价值链视角来看，在文化贸易当中发达国家凭借其技术和资本优势主导全球价值链中的高端环节，而中国等发展中国家由于人才、技术、资本等方面的劣势只能嵌入全球价值链的低端环节，因此对文化产业的升级来说科技和创新水平的提升尤为重要。[②]

四、质量并重的古典经济学理论

质量分析遵循规范主义方法论并以价值判断为基础，首先确立处理经济问题的价值标准，是建立经济理论的前提。古典时期的政治经济学传统除重视价格等数量概念之外，也同等重视质量概念。李嘉图的劳动价值论就指出，劳动是一切价值的基础，而且劳动本身存在量

---

① 黄会丹：《中国对 RCEP 国家文化产品出口现状及影响因素分析》，硕士学位论文，郑州大学文化国际贸易系，2020 年，第 12 页。

② 黄会丹：《中国对 RCEP 国家文化产品出口现状及影响因素分析》，硕士学位论文，郑州大学文化国际贸易系，2020 年，第 12 页。

和质的差别，劳动的品质可以参照劳动者的熟练程度和工作强度评定。① 此外，马克思在论述商品的使用价值和交换价值二重性时也指出，商品具有使用价值和交换价值。作为使用价值，商品首先有质的差别；② 作为交换价值，商品只能有量的差别。③ 每一种有用物，都可以从质和量两个角度来考察。追根溯源，质和量是任何事物不可剥离的两重属性，质量并重是古典经济学看待问题的基本态度。④

五、先量后质的后发国家追赶理论

赶超是指发展中国家能在经济发展中不断缩小与发达国家的差距。⑤ 作为一种正常的追赶逻辑，成功的后发经济体，其经济增长方式均经历从速度型到质量型的结构性转变。⑥ 国务院发展研究中心重大研究课题"增长阶段转换的成因、挑战和对策"的成果——《追赶接力：从数量扩张到质量提升》提出，根据对追赶进程和后发优势的相互关系，可总结出追赶型经济体将先后经历的三种增长形态，包括数量扩张型高增长、质量提升型中高增长和创新引领型低增长。追赶型经济体就表现为先期对经济增长速度和经济总体规模的追赶，一旦

---

① 胡鞍钢等：《高质量发展：历史、逻辑与战略布局》，《行政管理改革》2019 年第 1 期。

② 许光伟：《〈资本论〉商品章的逻辑解析》，《江汉论坛》2014 年第 7 期。

③ 叶林：《马克思主义经济学中的价值概念》，《理论月刊》2002 年第 1 期。

④ 胡鞍钢等：《高质量发展：历史、逻辑与战略布局》，《行政管理改革》2019 年第 1 期。

⑤ 吴红宇：《中国城市化滞后原因及发展模式选择》，《商业研究》2004 年第 16 期。

⑥ 胡鞍钢等：《高质量发展：历史、逻辑与战略布局》，《行政管理改革》2019 年第 1 期。

经济社会进入发展的关键时期，成功的后发国家又无一例外地把质量振兴上升为国家战略。比如，20 世纪 60 年代，日本首先实施的是国民收入倍增计划，即规定 1961—1970 年 GDP 年平均增长速度达到 7.8%，人均国民收入年平均增长速度达到 6.9%，当日本 GDP 先后超过法国、联邦德国，跃居西方资本主义世界第二位之后，又及时地提出"质量救国"的国家发展战略，推广全面质量管理。作为另一个实现成功追赶的典范，20 世纪 70 年代，韩国在经济腾飞的关键时期，也实施了 21 世纪质量赶超计划，凭借国家意志推动发展方式的质量型转变。"数量"与"质量"作为经济发展的两个方面，存在于经济发展的不同阶段，并相继发挥主导作用。而先量后质是绝大多数后发国家跨越"贫困陷阱"，实现经济起飞，继而实现工业化和现代化接力追赶的一般性历史经验。①

六、文化贸易影响因素的理论分析

通过运用相关理论结合实际分析文化贸易影响因素，包括经济因素、文化因素、地理因素、技术水平、制度环境等方面，为中国与东盟文化贸易高质量发展提供科学依据。

（一）经济因素

主要包括国内生产总值、人口因素、汇率、关税及自由贸易协

---

① 胡鞍钢等：《高质量发展：历史、逻辑与战略布局》，《行政管理改革》2019 年第 1 期。

定。一是国内生产总值。国内生产总值指的是经济社会（即一个国家或地区）在一定时期内运用生产要素所生产的全部最终产品（产品和服务）的市场价值。[①] 它是对一国（地区）经济在核算期内所有常住单位生产的最终产品总量的度量，常常被看成显示一个国家（地区）经济状况的一个重要指标。[②] 经济发展是贸易的基础，文化产业的发展和文化产品的贸易依赖于贸易双方经济的发展，一般来说，经济发展水平越高的国家和地区，文化产业越繁荣，人民的文化需求越繁盛，从而文化贸易也就越发达。根据凯恩斯的消费理论，收入情况决定购买力的高低，经济发展水平越高的国家，人民的消费能力也就越高，对文化产品的购买力也就越大。根据亚伯拉罕·马斯洛（Abraham Harold Maslow，1908—1970）的需求层次理论，文化产品并不是维持基本生活需要的产品，属于高层次需求，人们只有在基本的物质生活需要满足之后，才会有对文化产品的需要，因此，文化产品需求的收入弹性比较大。[③] 二是人口因素。一般来说，一国的人口总量越大，其市场规模和需求越大，文化需求层次越高，消费潜力越深，国家居民的购买能力也越强。贸易对象国的市场需求大小和消费潜力决定了与该国文化贸易的合作发展程度，是衡量是否应与对象国深入贸易的重要指标。三是汇率因素。汇率变动也会对文化贸易产生影响，其通过影响一国的出口成本价格直接导致贸易条件发生变化，

---

① 禹小平：《资源收入——制衡分配不公的重要财富》，《经济研究导刊》2010 年第 24 期。

② 周显志：《珠三角区域经济发展中的农民工权益保障问题探讨》，《经济前沿》2006 年第 Z1 期。

③ 黄会丹：《中国对 RCEP 国家文化产品出口现状及影响因素分析》，硕士学位论文，第 15 页。

影响产品的出口。一国货币的升值能带来产品出口价格的上升，而从外国进口明码标价的产品价格会相对降低，这时本国文化产品的输出似乎更有利可图，但是本国汇率上升所带来的产品出口价格上涨可能会导致国外市场对本国产品需求消费的减弱。同样一国货币的贬值虽然可能使本国产品出口的价格下滑，但是也可能带来输出贸易流量的增多，从而总体上是有利于贸易的。① 因此，汇率变动对进出口贸易的影响是随着产品价格需求弹性而波动的。四是自由贸易协定。② 通过签订自由贸易协定，相互取消绝大部分货物的关税和非关税壁垒，取消绝大多数服务部门的市场准入限制，开放投资，从而促进商品、服务和资本、技术、人员等生产要素的自由流动，实现优势互补，促进共同发展。③ 因而研究自由贸易协定是否对中国与东盟文化贸易起促进作用有重要的意义。

（二）文化资源因素

文化是一个国家和民族凝聚力及创造力的重要源泉，各国间的竞争已经由军事、经济等硬实力的竞争逐渐转变为文化软实力的竞争。文化资源决定着一国文化产业发展的强弱，是发展对外文化贸易的决定性因素。文化资源效应理论认为文化资源可以产生轰动性的市场效

① 邓子璇:《"一带一路"背景下中国与沿线国家文化贸易影响因素研究》，硕士学位论文，第6页。
② 宋晓英:《人民币汇率波动对中国农产品进出口贸易影响的实证研究》，《现代商业》2016年第12期。
③ 徐风:《有了WTO，为何还要自由贸易协定?》，《中国经济周刊》2013年第22期。

应，为国家和人民带来良好的社会效益和经济效益。[①] 要素禀赋理论认为国家应该对那些充裕的资源要素进行集中生产和输出，来换取稀缺要素的产品。[②] 由于文化资源具有很强的地域性和民族性，而文化贸易是建立在文化资源的利用和消耗基础之上的，因此国家文化资源的富余和多样化程度会对文化贸易的国际影响力产生十分重要的作用。东盟十国文化资源产生的背景和条件不一，导致不同地域的文化资源各有差异。东盟十国文化资源禀赋的差异性，决定了其文化产品和文化服务贸易的层次和结构，并在对外文化贸易中展示出优劣势。

（三）地理因素

通常情况下，两国之间的地理距离越远，运输成本和贸易阻力越大，越不利于双方之间的贸易往来。因此，地理距离是国际文化贸易的最基础因素。任何贸易活动均需要有一定的地理条件，陆海格局、气候、资源的分布情况，直接影响对外贸易产品输出的流量和质量，导致国家产品输出的差异性。地理距离越远的国家，文化产品贸易运输难度越大，运输成本越高，贸易往来越不便。地理距离越远的国家之间文化交流越少，文化传播难度越大，国民之间相互的文化了解越少，文化亲近程度和文化认同感越低，因而文化产品更不符合贸易伙伴国民众的需求，同时本国的文化产品更难刺激伙伴国民众的需求。

---

① 徐风:《有了 WTO，为何还要自由贸易协定?》,《中国经济周刊》2013 年第22 期。

② 王芳:《20 世纪 80 年代日美贸易与投资摩擦研究》,硕士学位论文，山东师范大学经济系，2013 年，第 10 页。

（四）技术水平

技术水平的高低，对于文化创意产业而言，技术水平具有关键性的影响。[①] 生产加工文化产品、传播流通文化产品、销售文化产品等一系列过程都离不开相关技术的支持。因此，一国如果充分利用技术优势，提升本国的文化产品和服务对外输出能力，将会赢得对外竞争优势和较大的国际影响力。技术进步较为落后的发展中国家及落后国家会将更先进的技术引入本国的文化产业发展中，提升文化产业的技术水平，促进对外文化贸易和产品出口。

（五）制度环境

制度环境涵盖国家的经济、政治和社会体制等方面，各国不同的制度环境会形成制度距离。制度距离指的是两国在制度规范、规则及认知方面的差异。在全球文化贸易蓬勃发展的背景下，制度距离已突破国家的界限，贸易各国成为一个整体考量全部行为主体的制度因素。制度距离主要从三个方面对文化贸易的开展产生影响，一是贸易国的政府管理效能和社会稳定程度，二是文化制度及理念差异带来的文化贸易政策分化，三是经济主体间制度距离的大小，制度距离越大会造成国家间认同感的降低，制度体系相近的国家更容易展开经贸合作。[②]

---

① 王芳：《20世纪80年代日美贸易与投资摩擦研究》，硕士学位论文，山东师范大学经济系，2013年，第10页。
② 邓子璇：《"一带一路"背景下中国与沿线国家文化贸易影响因素研究》，硕士学位论文，第15页。

第二章　实现中国与东盟文化贸易
高质量发展的战略意义

第一节　推动"一带一路"迈向高质量发展

　　"一带一路"倡议包括政策沟通、设施联通、贸易畅通、资金融通、民心相通，提出增长、政治、道德与社会四大目标，展现中国与国际社会实践性联系的历史进程与现实趋势。[①]2018 年 8 月，在推进"一带一路"建设工作 5 周年座谈会上，习近平指出："经过夯基垒台、立柱架梁的 5 年，共建'一带一路'正在向落地生根、持久发展的阶段迈进。我们要百尺竿头、更进一步，在保持健康良性发展势头的基础上，推动共建'一带一路'向高质量发展转变。"[②] 这句话指明了"一带一路"建设迈向高质量发展阶段。共建"一带一路"向高质量发展是顺应经济全球化发展、全球治理体系变革的时代要求，是应对当前

---

　　① 白云真：《"一带一路"高质量发展的政治经济逻辑》，《太平洋学报》2020 年第 3 期。

　　② 《习近平谈治国理政》第 3 卷，外文出版社 2020 年版，第 487 页。

内外部严峻挑战的有效举措，是提升全球价值链的强大引擎。

疫情改变"一带一路"建设的宏观政治经济环境，并引发公共卫生安全、能源安全、经济安全以及粮食安全等系列全球性非传统安全问题。因此，中国继续坚持"一带一路"高质量发展更显重要，界定高质量发展的概念与内涵更为紧迫。在新形势下，"一带一路"高质量发展是综合性概念，它涉及经济、民生、全球治理、国际关系等多层含义。"一带一路"国际合作高级别视频会议发表的《联合声明》强调，"将继续秉持共商共建共享原则，坚持开放、绿色、廉洁，追求高标准、惠民生、可持续，推动高质量共建'一带一路'"。[1] 这一论述是"一带一路"高质量发展的重要导向，也从多个层面阐述了"一带一路"高质量发展的基本内涵和发展方向。主要体现在：一是打造更加高质量的开放发展格局和秉持更加高质量的发展愿景。[2] 二是"一带一路"国际合作框架下更优化的全球价值链治理。三是"一带一路"高质量发展更加需要强调社会福利效应。从经济含义上理解，强调的是"一带一路"合作国家经济的总量与规模增长到一定阶段后，经济结构应均衡优化协调发展，人民生活水平应得到实际提高。从发展目标上看，追求的是坚持以民生为导向的国际合作，从而打造更多惠及老百姓切身利益的民生工程。[3] 四是疫情冲击让数字经济合作和医疗卫生合作成为"一带一路"高质量发展的新的主要方向。五是"双循环"发展格局是"一带一路"

---

① 郭鲁江：《年轻干部应注重加强思想淬炼》，《理论导报》2020年第6期。

② 马林静：《外贸高质量发展：内涵、路径及对策》，《现代经济探讨》2020年第7期。

③ 季思：《深化民心相通　化解"四大赤字"》，《当代世界》2019年第5期。

高质量发展的基石。[①] 应该可以看到，在确定发展的概念与内涵的前提下，路径选择成为共建"一带一路"高质量发展的关键。

"一带一路"沿线各国具有源远流长的人文交流历史，文相通，民相亲。[②]"一带一路"既是经贸之路，又是人文之路。民心相通是共建"一带一路"的人文基础，是推动"一带一路"建设行稳致远的重要基石。[③] 共建"一带一路"，突出文化先行，发挥人文引领作用。[④] 中国和东盟国家山水相连、人文相通，友好交往源远流长。[⑤] 近年来，中国与东盟各国开展了形式多样、领域广泛的公共外交和文化交流，增进了相互理解和认同，为共建"一带一路"奠定了坚实的民意基础。已有的研究表明，实现民心相通，企业间的国际文化贸易比政府主导的国家间文化交流更为切实有效。推进"一带一路"沿线国家之间的文化贸易，要以企业为主体，以市场为动能，对内实现文化产业的提质增效，对外促进文化产业的国际合作与互利共赢。随着中国经济实力的不断增强，文化贸易逐渐成为新的贸易增长点，尤其是在"一带一路"倡议下，文化贸易的重要性不断凸显，在民心相通的建设中起到了重要的作用。因此，推动中国与东盟文化贸易高质量发展，有助

---

①　张磊：《新冠肺炎疫情下政策性金融支持陕西外贸发展的思考》，《西部金融》2020 年第 10 期。

②　方嘉、唐泽威：《"一带一路"倡议背景下高校国际化发展的现状与展望》，《高教学刊》2020 年第 3 期。

③　丁辉、周宇翔：《"一带一路"民心相通建设成果评估及政策建议》，《当代世界》2019 年第 4 期。

④　双传学：《"一带一路"视阈下的我国文化开放战略》，《东岳论丛》2016 年第5 期。

⑤　罗圣荣、马晚晨：《东盟：2019 年回顾与 2020 年展望》，《东南亚纵横》2019年第 1 期。

于增强中国与东盟民心相通，实现文化间的互通互融，为推进"一带一路"建设高质量发展提供精神支撑。

第二节　带动中国与东盟贸易结构升级，助推　中国外贸高质量发展

中国与东盟走过"黄金十年"，已经迈进"钻石十年"发展阶段。2013年10月，在文莱举行的第16次中国—东盟领导人会议上提出中国—东盟"2+7合作框架"。"2"指两点政治共识，即深化战略互信，拓展睦邻友好[①]；聚焦经济发展，扩大互利共赢。[②]"7"指政治、经贸、互联互通、金融、海上、安全、人文等七个重点合作领域。[③]同年12月召开的第27届东盟峰会上通过《东盟经济共同体蓝图2025》，更是成为促进中国—东盟经贸合作迈进"钻石十年"的愿景规划。双方经贸合作还进一步机制化，形成了如亚太经合组织（APEC）等诸多合作机制。双方贸易总额呈现逐年攀升的态势，数据显示，中国和东盟的双边贸易额从2010年的2928亿美元增长至2019年的6415亿美元。疫情持续冲击，世界经济复苏前景黯淡，外部贸易需求大幅萎缩，中国和东盟克服疫情影响，经贸合作逆势增长。2020年，东盟

---

① 江瑞平：《共建21世纪海上丝绸之路——走出东亚格局中的二元困境》，《东南亚纵横》2014年第10期。

② 陈文玲：《携手推进"一带一路"建设　共同迎接更加美好的新未来》，《全球化》2015年第6期。

③ 刘卿：《澜湄合作进展与未来发展方向》，《国际问题研究》2018年第2期。

历史性成为中国第一大贸易伙伴，形成了中国与东盟互为头号贸易伙伴的发展格局。①

　　然而，在中国东盟贸易量强势增长，合作领域不断扩大的态势下，中国与东盟贸易格局出现新的特点，主要体现在：一是中国—东盟贸易商品结构竞争型趋势有所强化。例如，近年来，随着中国土地成本上涨，劳动力"红利"逐步消失，劳动密集型产业逐步向东南亚各国转移，如印尼、越南等。受产品附加值低、人力成本上升的影响，中国已不再具有明显优势，在机电产品、化工产品等领域，双方的竞争格局加剧。二是中国—东盟国别结构呈现不均衡的态势。受东盟内部经济发展差异的影响，中国与东盟的贸易国别结构呈不均衡的态势。从商品贸易来看，中国与新加坡、马来西亚、泰国、印尼贸易往来频繁，几乎占到了贸易总额的八成左右。②"一带一路"倡议实施以来，中国与越南、缅甸、文莱等国的贸易额呈现快速上升的态势，中国与新加坡、印尼等国的贸易量依旧较大，不均衡态势有所改变，但依然存在。区域全面经济伙伴关系协定（RCEP）签署，为未来中国—东盟经贸合作带来更大更多机遇。③ 双方经贸关系势必会进入一个崭新的发展阶段。④ 因此，在未来如何进一步降低双方重要贸

---

　　① 倪月菊：《东盟成为中国最大的贸易伙伴：成因及前景》，《进出口经理人》2020 年第 7 期。

　　② 王鹏飞：《"一带一路"引领下中国—东盟贸易结构演进及发展策略》，《商业经济研究》2019 年第 6 期。

　　③ 蔡恩泽：《中国—东盟经贸合作逆势加强背后的逻辑》，《进出口经理人》2020年第 6 期。

　　④ 王洪涛、周莉：《中国与东盟文化贸易的竞争性与互补性研究》，《学术论坛》2015 年第 11 期。

易商品在世界市场上的竞争性,增强在双边市场上的互补性,不断开发市场潜力,提高合作水平,已经成为中国与东盟各国亟须解决的问题。

推动中国外贸高质量发展是推动中国由贸易大国向贸易强国转变的时代命题中最为核心的问题,是"双循环"新发展格局下推动国际大循环的客观要求,也是驱动经济高质量发展的重要力量。推动外贸高质量发展的基本要求之一是构建更加优化的外贸发展结构。① 构建更加优化的外贸结构,需要从三方面入手:一是贸易方式持续优化。关键路径是降低收益率较低的加工贸易比重,提高收益率较高的一般贸易比重,以此实现贸易方式结构的不断优化。二是进出口商品结构的优化。商品结构是外贸发展结构的基本构造,推动外贸高质量发展要实现进出口商品持续向着高端产品升级优化,以高附加值、高技术含量、高收益产品的进出口为贸易的主要增长点,从贸易的基本构成元素上实现质量提升,带动贸易收益和贸易条件持续改善。三是产业结构的优化。产业是贸易之源,是贸易的基础。中国贸易结构失衡的一个主要表现是服务贸易占比较低、结构不合理。服务贸易是贸易强国建设的关键与核心,日益成为贸易强国的本质特征与核心衡量指标。中国外贸高质量发展,需要建成"货物贸易强国"和"服务贸易强国",成为驱动中国外贸在全球市场中强势发展的双引擎。

推动中国与东盟文化贸易高质量发展,可以通过提升文化产品出

---

① 马林静:《外贸高质量发展:内涵、路径及对策》,《现代经济探讨》2020 年第7 期。

口的技术含量，提升中国与东盟文化贸易地位和份额，优化中国国内文化产品和文化服务出口省区市分布，优化中国与东盟文化贸易结构。此外，通过推动对外文化贸易与大数据、互联网深度融合，创新对外文化贸易模式，进一步拓展中国与东盟文化贸易的实体空间和虚拟空间，整合线上、线下文化贸易，发挥文化制造业比较优势，实现中国与东盟文化贸易中传统文化行业和新兴文化行业均衡发展，推动新兴文化行业实现快速发展。因此，推动中国与东盟文化贸易高质量发展，有助于中国转变外贸增长方式，推动中国外贸高质量发展。[①]

第三节　促进中国与东盟区域经济增长

实现中国与东盟文化贸易高质量发展，可以成为推动区域经济增长新引擎。[②]美国是当今世界文化服务贸易最发达的国家，其发展模式代表了国际文化服务贸易发展的潮流和趋向，美国的文化产业发展非常成熟，其每年的文化产业增加值超过国内GDP25%，超越了美国的汽车、航空业，是美国的支柱性产业。美国文化贸易总额增长发展迅猛，占全美国的总贸易出口额的15%，仅次于美国航空、能源相关的贸易额度，而且每年的增长率也都超过了美国经济的增长

---

① 王瑞峰、李爽：《中美贸易摩擦背景下中国外贸高质量发展的评价》，《中国流通经济》2019年第12期。

② 刘玉成：《中国—东盟高等教育区域性合作的方略研究》，《广西教育》2013年第35期。

率。① 中国也高度重视发展对外文化贸易，目前对外文化贸易已成为中国经济新增长点。因为中国经济进入高质量发展阶段，伴随着互联网经济时代的到来，文化贸易具有资源能耗低、高附加值和高回报率的特点，文化贸易可以作为中国贸易总额增长的可持续发展的关键因素。可以通过提高文化产品的科技含量，以低资源消耗、低环境污染为宗旨，推动文化贸易的可持续发展，推动经济增长。② 文化贸易发展主要依赖的是文化创意等知识资源，而非海洋、矿产、森林等自然资源。创意的投入为文化产品带来了较高的附加值和直接收益，直接收益衍生品收入要高很多。③ 例如，美国电影总收益的 20% 来自影片销售，而 80% 来自电影后续开发，如旅游、玩具、主题公园等。④ 在中国深度参与经济全球化和持续推进贸易自由化的背景下，2019 年中国对外文化贸易增长态势平稳，文化贸易商品结构逐步优化，文化服务质量和国际竞争力不断提升，为未来中国文化更好地"走出去"和对外文化贸易持续发展提供了重要基础。然而，中国对外文化贸易在进出口结构、区域和国别等方面发展不均衡。具体体现在中国对外文化贸易主要集中在发达国家和地区，排名前十位的主要出口国家和地区分别为美国、中国香港、英国、荷兰、日本、德国、加拿大、印

---

① 张帆、丁晶晶：《大力发展我国文化贸易的意义及新方向》，《全国流通经济》2018 年第 29 期。

② 张帆、丁晶晶：《大力发展我国文化贸易的意义及新方向》，《全国流通经济》2018 年第 29 期。

③ 米宏伟：《全球视角下中国文化贸易发展战略研究》，博士学位论文，对外经济贸易大学经济系，2013 年，第 23 页。

④ 伍鹏：《全球网络联系对中国电影产业升级的影响研究》，硕士学位论文，湖南大学经济系，2019 年，第 31 页。

度、新加坡和澳大利亚。① 这些国家和地区占中国对外文化贸易出口总额的 66.22%，美国为中国最主要的文化贸易出口对象国。② 同时，排名前十位的主要进口对象国和地区分别为德国、日本、越南、美国、意大利、法国、瑞士、新加坡、中国台湾和英国，中国从这些国家和地区进口的文化商品占中国文化商品进口总额的比重为 61.77%，其中德国是中国对外文化贸易进口的主要对象国。越南和新加坡占据着中国主要进出口国家前列，中国对东盟文化贸易出口增长高于别的地区。因此，中国与东盟文化贸易发展潜力巨大。③ 推动中国与东盟文化贸易高质量发展，将会对中国与东盟区域增长发挥重要作用，不仅为中国和东盟国家的创新经济贡献新的理念，而且还会对中国与东盟国家的就业和国内生产总值增长提供重要助推力。

推动中国与东盟文化贸易高质量发展，可以极大地促进中国与东盟国家相关文化产业蓬勃发展。1943 年，美国社会心理学家马斯洛提出了著名的需求层次理论。④ 需求层次理论把人的需要划分为五个层次：生理的需要、安全的需要、社会的需要（友爱和归属的需要）、尊重的需要、自我实现的需要。⑤ 关于文化贸易的需求可以用马斯洛

---

① 王星：《文化维度框架下中国文化产品贸易的影响因素及其门槛效应分析》，硕士学位论文，山东大学国际贸易系，2012 年，第 27 页。

② 卫迎春、钟晓玥：《消费成瘾性、文化折扣与中国核心文化产品出口》，《学习与实践》2016 年第 6 期。

③ 项义军、汤保君：《中国—东盟自由贸易区贸易结合度指数分析》，《经济研究导刊》2016 年第 31 期。

④ 司长强：《国产青春题材电影的"脆性"结构——从〈后来的我们〉说起》，《电影文学》2019 年第 16 期。

⑤ 参见 [美] 亚伯拉罕·哈罗德·马斯洛：《马斯洛精选集：动机与人格》，燕山出版社 2013 年版，第 72 页。

的需求层次理论来分析,在人民生活水平不断提高、经济生活互联网化的同时,人们满足基本生存与安全的需求之后,转为追求更高层次的精神需求,这使得人们在货物和服务的选择当中,对于个性化、情感化的体验要求越来越多,所以不管是传统的贸易产品还是现阶段的新兴的智能化贸易产品都会有更多的文化因素融入。在美国发展文化贸易的过程中,随着国际市场的不断扩大和贸易量的剧增,国内文化生产的社会化程度和生产效率不断提高,各种文化生产要素不断优化组合,从而带动了美国文化产业结构不断地提升,产量不断地扩大。依托国际市场的价值规律、供求规律和竞争规律,其文化产业在不断的优化中逐步迈入成熟和可持续发展的轨道。以美国电影的音像出版及影视出版成为美国主要的出口行业的百年发展历史为例,文化贸易带动相关产业效果明显。此外,文化贸易与文化产业的发展均可以产生巨大的溢出效应,从而整体提升一国的对外竞争力和培育竞争新优势。一方面,文化贸易和文化产业的发展能够直接或间接地为其他行业带来文化创意与设计理念,从而提升其他相关行业的附加值。① 另一方面,各行业的产品可以通过文化产品的宣传与品牌来拓展全球市场空间。中国之所以成为全球工厂,得益于中国具备丰富的人力资源和较强的文化基础,发展文化贸易有先天优势,因此,推动中国与东盟文化贸易高质量发展,不仅能优化中国国内其他相关产品的贸易结构,尤其是中国自主设计的相关文化产品,通过文化的渗透,广泛传播到东盟国家,能够带动中国与东盟相关文化产业链的发展。

---

① 米宏伟:《全球视角下中国文化贸易发展战略研究》,硕士学位论文,第37页。

推动中国与东盟文化贸易高质量发展，可以延长文化产业价值链，以优势产业带动相对弱势产业的互动发展，促进产业结构优化，增强文化产业的整体实力，通过出台的支持性政策，鼓励国内中小文化企业依据各自优势，主动嵌入中国与东盟文化产业价值链，扩大中小企业与东盟市场的积极交流，提升中小文化企业的自主创新程度。

第四节　增强中华文化软实力，提升中国的国际形象

"软实力"这一概念最早是由美国哈佛大学教授约瑟夫·奈提出，它主要指一国文化与意识形态的吸引力，是通过吸引而非强制的方式达到期望的结果的能力。[1] 它通过让他人信服地追随你，或让他人遵循某种将会促其采取你所期望的行为的规范和制度来发挥作用。[2] 在约瑟夫·奈看来，软实力包括三个来源：文化、政治观念以及外交政策。[3] 软实力在很大程度上依赖于信息的说服力。如果一个国家可以使它的立场在其他国家眼里具有吸引力，或者一个国家强化那种鼓励其他国家以寻求共存的方式来界定它们的利益的国际制度，那么它就无须扩

---

[1]　胡爱清：《国际旅游背景下的广州旅游地软实力建设研究》，《当代经济》2010年第17期。

[2]　徐京波：《区域软实力研究范式的建构》，《济南大学学报（社会科学版）》2012年第6期。

[3]　[美]约瑟夫·奈著，马娟娟译：《软实力》，中信出版社2013年版，第11页。

展那些传统的经济实力或军事实力。① 软实力是一种吸引力，是吸引别的国家不自觉地产生对本国认同的实力，相比硬实力，软实力不会引起他国的猜疑与担心，并能为一个国家的发展创造良好的国际舆论环境。当今世界，全球各国展开的竞争，更重视围绕对文化资源占有、创造与传播能力等软实力的竞争。冷战结束后，各国更加认识到软实力在国家实力中的重要性，并注重从软实力的角度去制定国家发展战略。

　　文化软实力是软实力的重要组成部分。② 文化软实力是一个国家的文化体现出来的凝聚力、吸引力、影响力。文化在国家内部形成的民族凝聚力和对世界他国形成的吸引力，构成了国家的文化软实力。它提升了国家的综合实力和国际竞争力。党的十八大以来，以习近平同志为核心的党中央高度重视国家文化软实力建设。③2016年12月，习近平主持召开的中央全面深化改革领导小组第三十次会议指出，软力量是"一带一路"建设的重要助推器。要加强总体谋划和统筹协调，坚持陆海统筹、内外统筹、政企统筹，加强理论研究和话语体系建设，推进舆论宣传和舆论引导工作，加强国际传播能力建设，为"一带一路"建设提供有力理论支撑、舆论支持、文化条件。党的十八届三中全会明确提出，"建设社会主义文化强国，增强国家文化软实力"。④ 党的十九大报告提出，到2035年基本实现社会主义现代化，"社会文明程

---

　　① 李波阳：《文化软实力研究：内涵、构成及提升路径》，《北京电子科技学院学报》2014年第3期。

　　② 任中云：《浅析区域软实力与区域文化软实力的概念、内涵及其相互关系》，《湖北函授大学学报》2015年第9期。

　　③ 朱继东：《多措并举发展中国特色社会主义文化》，《武汉科技大学学报（社会科学版）》2017年第6期。

　　④ 《十八大以来重要文献选编》上，中央文献出版社2014年版，第533页。

度达到新的高度，国家文化软实力显著增强，中华文化影响更加广泛深入"是一个重要指标。中华文明历史悠久、源远流长，56 个民族构成多样性的文化基础；14 亿人口，创造光辉灿烂的文明宝库。[①] 如此丰富的文化资源，有助于推动文化贸易带动相关产业的发展，能够在全世界宣传中国的文化生活及社会理念，树立中国在国际社会中的形象，让更多国家的人民对中国道路、中国智慧产生更多的理解与认同。

中国在崛起的同时，应该以文明型国家姿态与当代其他文明平等对话，各美其美，和而不同，帮助实现"一带一路"倡议中的民心相通。党的十八届三中全会通过《中共中央关于全面深化改革若干重大问题的决定》明确提出，勇于面向世界，尽快形成与我国经济社会发展水平和国际地位相巩固的文化软实力。文化贸易的特点是，它将市场化作为导向，是国外民众内在文化需求的结果，更容易被认同和接纳，通过"润物细无声"的方式向外传播国家的文化价值理念，达到提高文化影响力的效果。因此，推动中国与东盟文化贸易高质量发展，将中华文化更多传播到东盟国家，要以自身拥有的丰富的文化资源为基础，使中国文化贸易在全球文化产业中占据更多主动和优势。

第五节　助推国家实施更高水平的对外开放

新冠肺炎疫情全球持续蔓延，加速国际秩序百年大变局，中美

---

① 《习近平谈治国理政》第三卷，外文出版社 2020 年版，第 22 页。

两大国全方位的战略性博弈加剧，中国发展的内外部条件出现深刻变化，国际外循环受限受阻，外部环境倒逼中国加快构建"双循环"的新发展格局。"双循环"新发展格局战略的提出，成为今后中长期内中国新一轮更高层次改革开放的战略规划。改革开放四十多年来，中国经济发展的主要动力是以开放促进改革，今后中长期内的中国经济发展的核心动力是"国内国际双循环相互促进"，即以国内大循环带动国际外循环，以内部市场经济高质量发展为高水平对外开放创造前提条件，使中国市场更具吸引力，也应以国际外循环的高水平发展推动社会主义市场经济体制迈向更高水平。

"双循环"新发展格局，意味着中国需要在国际环境面临诸多风险和不确定性的背景下进行技术调整、改革，实施更高水平的对外开放。因为只有通过实施更高水平的对外开放，方能在新的国际形势下真正发挥出内外循环"相互促进"的效果。实施高水平的对外开放，需要在规则、体制和制度安排上以改革为中心，主要努力方向是与更有市场经济规则的高水平接轨。推动中国与东盟文化贸易高质量发展，有助于提高国家文化开放水平，提升国家高水平对外开放，主要体现在：一是重视对东盟国家进口贸易，通过释放国内巨大的文化市场消费潜力吸引东盟国家优质文化资源，提高国内文化产品和服务的多元化水平，满足国内民众旺盛的文化需求，通过引进东盟的文化资源倒逼国内企业提升产品和服务质量；二是通过努力开拓东盟市场，中国文化企业进入东盟国家市场前要深入调研，以市场为导向，加深对象国民众对中国文化的了解和认识，培育对中国文化产品和服务的消费需求，因地制宜实施差异化海外营销策略，形成更加合理的多层次贸易格局①；三是发挥好中国（北京）自由贸易试验区牵引集成作用，主要是因为中国(北京)自贸试验区开放程度高、改革自主权大、牵引集成功能强，这可以成为充分释放中国文化贸易开放潜力、培育中国与东盟文化贸易开放合作新优势的抓手。在"引进来"时要注重质量，充分发挥外资的技术、人才和知识溢出效应，高质量发展优势产业，满足高品质文化消费需求。在"走出去"方面，采取并购东盟企业或在东盟国家新建研发中心，接近国际文化创新前沿，注重推动创新驱动发展，强化知识产权运用保护，促进国内文化企业自主创新，提升自身在价值链中的位置。

---

① 李小牧：《以文化贸易提升首都文化经济国际影响力》，《北京观察》2020年第9期。

第三章 国外相关经验借鉴与启示

第一节 国外相关经验

地理大发现尤其是三次工业革命，推动了媒体全球化发展，同时也促进了各文化贸易大国的崛起。从全球文化贸易历史进程来看，二战后美国、英国、法国、德国、日本、韩国纷纷崛起成为文化贸易强国，并且至今这些国家依然处于第一集团的领先地位。

（1）美国。美国及时把握全球政治经济的契机，凭借自身超群的传媒技术优势，迅速实现由国内市场向全球市场的文化输出战略，从而在电视、新闻、演艺、电影等意识形态色彩较强的领域均取得领先地位。在电视领域。20 世纪 60 年代初，美国成功发射世界上第一颗电视通信卫星，将美国电视节目成功遍及全球绝大多数地区，并源源不断地向北美、拉美、西欧等地输出电视剧。在新闻领域，美国在冷战期间通过广播、通讯社、报纸杂志、电视等传媒工具，向全球其他国家或地区传播"自由""改革"等西方价值观念。随着互联网的诞生，传统的传媒领域发生巨大的变革。《纽约时报》《泰晤士报》《华盛顿邮报》等美国传统的主流纸媒纷纷推出网络版。在演艺领域，纽约成为美国娱乐中心，百老汇创作的音乐剧成为美国畅销的出口文化产品。在电影领域，美国的大型跨国传媒电影占据了全球贸易市场的主要份额，美国电影业成为美国仅次于航空航天业的第二大经济支柱产业，为此美国享有"电影帝国"的美誉。美国之所以成为当今世界上头号文化贸易强国，除了善于把握全球宏观环境和国内环境带来的机遇外，更重要的是美国制定的战略和提供的机制环境有关。主要体现在如下几个方面：第一，美国建立了完善的知识产权体系，反垄断体系等构成的法律体系为文化产业发展创造了良好的法律环境。例如，美国通过制定《版权法》，有效地保护了好莱坞迪士尼文化企业的合法权益；先后颁布《反盗版和假冒修正法案》《电子盗版禁止法》《跨世纪数字版权法》等法案，有效地打击盗版行为，规范知识产权保护，为相关文化产业挽回了数百万美元的损失。第二，美国通过设立美国国家艺术基金会、国家人文基金会等基金组织，投入文化艺术事业，有效带动民间投资，产生了较好的经济收益和社会效益。第三，重视文化外交与多边制度的协调。美国通过经济、外交、文化等多项政策，推动其对外文化贸易的发展，旨在实现对外输出美国价值理念和意识形态。第二次世界大战结束后，美国成为超级大国，美国文化也成为当时世界上最具影响力的文化。美国的对外文化交往实践在其文化外交战略的指引下顺利展开，主要通过政府成立相关机构指导对外文化工作，通过《富布赖特法案》指导对外文化交流，强调文化外交的多样性与延展性。此外，美国向海外派遣大量的医生、教师、传教士，积极开展对外文化援助。第四，采取多边机制维护美国文化企业的海外利益。一方面，美国国会通过《综合贸易与竞争法》，出台特殊"301"条款等措施推动知识产权的全球保护；另一方面，美国积极推动其他国家或地区向其开放文化市场。在 GATT 谈判中，美国政府迫使欧盟开放欧盟本土电影市场；在乌拉圭回合谈判中，美国政府要求 GATT 范围扩大到包括娱乐服务在内的服务领域，此后，又试图在《多边投资协议》中写进文化条款；美国针对加拿大与中国的文化产品保护措施均向 WTO 提出仲裁并取得胜诉。

（2）英国。第二次世界大战后，世界工业强国英国的经济崩溃，此后英国经历持续数十年的经济衰退，经济持续疲软也引发了英国国内政局不稳。而与此同时，随着经济全球化深入发展，全球范围内文化娱乐消费的需求快速增长也引发了英国文化产业的大量需求。在此背景下，英国布莱尔政府决定实施创意经济战略，为此还建立了"创意产业特别工作组"，这一机构成员包括英国外交部、英国财政部、英国文化协会等部门负责人，以及英国知名的文化企业高级管理人员和社会名流，旨在对创意经济的发展进行科学评估并适时进行政策反馈。英国实施的创意经济战略的主要内容是，通过结合英国独具特色的文化传统资源，提升文化产品和文化服务的创意含量，有效提升文化产品的附加值，促进了英国文化产业在全球分工地位的巩固和攀升。"创意产业特别工作组"出台了两次分析英国创意产业发展路径文件，还陆续发布《创意经济计划》《创意英国：新人才新经济》战略规划书，对英国发展创意产业发展做出顶层设计和战略规划，目的是将英国打造成为"世界创意中心"。英国政府主要通过扶持公共文化机构、提供基金信息和贷款担保等方式，对英国创意文化产业进行资金援助。这种做法的好处在于，避免政府的过多干涉和干扰，公正合理地分配文化经费。此外，英国也非常注重通过文化艺术培训和语言文化教育进行对外文化交流，传播英国的价值理念。例如，英国在20世纪30年代中期，专门成立英国文化委员会，专门从事对外文化教育交流。英国文化委员会通过举办全球文化连线、全球艺术巡演等多项活动，与其他国家或地区开展文化传播和交流，吸引全世界青年才俊到英国学习，提升了英国文化艺术对外影响力。此外，英国文化委员会还通过雅思培训和考试等，建立覆盖全世界的英语教育网络，极大地推动了英语文化对外传播。

（3）德国。德国是资本主义工业强国和欧盟成员核心国，文化在德国政治生活中扮演着重要角色。德国高度重视文化事业发展，国家和地方政府在图书馆、博物馆等公共文化设施方面加大投入、加强管理，文化遗产保护、艺术团体发展、文化教育等方面共同发挥着重要作用。德国州、市政府是文化政策的主要制定者。德国宪法规定了德国联邦政府具有推动文化发展的职责，德国各州的法律也规定了各州政府拥有文化管理权。德国联邦政府建立联邦政府文化媒体委员会，专门负责协调德国国家的文化产业政策，该委员会是德国文化领域的最高权力代表。德国联邦政府的主要职责是创造文化产业发展的营商环境，代表国家从事对外文化交流等。大部分的文化管理职权都交给各州政府，因此，造成各州政府之间实施的文化政策有较大的差异。德国各州议会均设立了文化事务委员会，部分州设立文化部门，各州负责向州以下的市拨放文化预算资金。例如，2008年修改并无限期有效的《萨克森自由州文化领域法案》规定每年至少从预算拨付8670万欧元的资金用于5个农村和3个城市地区的具有区域和跨区域重要性的文化机构与文化活动，这样做的好处是权力下放充分地调动了各州和地方各级政府的主动性与积极性，在德国，常常会有一些小城市也会举办国际级的文化活动。德国政府非常重视文化外交与国际文化交流。文化外交成为德国外交政策的主要支柱之一。自 2006 年以来，德国政府更加重视文化外交，加大了对文化外交的财政预算支持。德国外交部推行了一系列跨国文化交流项目，并通过歌德学院等半官方机构执行，外交部为这些机构提供足够的资金。歌德学院除推广德语教学外，还负责国际文化交流活动。德国联邦政府与各州政府共同合作，举办富有地方文化特色的国际性知名节庆品牌，包括柏林电影节、法兰克福国际图书博览会、柏林戏剧节、瓦格纳歌剧节、慕尼黑双年音乐节等，吸引了国内外民众的广泛参与，也极大地促进了德国文化产业对外合作与发展。德国对重点文化产业采取积极的扶持政策。两德统一后，德国文化委员会专门设立德国电影基金，截至目前累计为 527 个不同类型与风格的电影项目提供了 3 亿欧元的资助，带动了 24 亿欧元的电影生产投入，多部资助电影取得了可观的票房收入。联邦政府对电影的支持，还体现在各种不同的电影奖项下，包括德国电影奖、短片电影奖、荧屏奖、创新奖、发行奖以及电影项目奖，主要颁发给那些生产优秀作品的小电影公司。

（4）法国。法国政府对文化干预历史可以追溯到 16 世纪上半叶，当时法国政府就意识到知识教育、文化艺术等发挥着中心作用，逐步形成了自上而下的管理机构与预算支出体系。虽然法国不同党派在国家干预文化产业发展政策上程度有分歧，历届政府的规划重点也有不同，但总体上均体现出政府对文化发展的积极干预。法国政府设立文化与通讯部，其职责是负责法国文化产业的顶层设计与总体规划，职责包括遗产保护，图书馆、博物馆等公共文化设施管理，文化产业税费机制，对机构以及地方政府资助的分配，以及视听配额分配等，其中大部分内容的执行通过咨询独立的专家组进行。虽然中央政府对文化发展进行总体规划与管理，但是分权化已经成为法国文化产业政策的重要发展趋势。法国分权的法律进一步鼓励文化管理的分权化趋势，目前地方财政文化支出占财政文化总支出的比例达到 60%。法国市政府在制定文化遗产保护、表演艺术生产与推广、图书推广、艺术教育等方面拥有广泛的权力，越来越多的政府选举了文化事务代表，同时也赋予了文化部门日益重要的职责。法国外交部负责推广法国对外文化，主要活动包括教育学术交流、艺术书籍互换、法国影视节目和广播的推广等。法国外交部的对外文化政策主要由法国驻外使馆文化处、约 150 个法国文化中心、25 家人文科学研究中心和法语联盟执行。法国早在 1883 年就创建了法语联盟，当前已经在 130 多个国家建立了 1000 多个法语中心，通过不同形式介绍法国文化和推广法语学习。法国外交部还与文化信息部合作推进各文化领域的对外交流，主要通过共同资助电影联盟、法国图书联盟、法语歌曲出口局等各行业协会来进行，包括举办培训、合作、合拍等。法国政府很重视在境外举办大型文化展示活动，举办了巴西文化年、法国在中国、法韩文化年等系列活动。除了积极促进文化"走出去"外，法国还积极促进文化"引进来"，法国外交部还与文化信息部携手举办了外国文化季等介绍国外文化的活动，同时也支持创办了含有大量国外文化元素的项目和机构，每年接收 300 多名各文化领域的国外专家来法国进行交流培训。此外，法国还积极通过多边框架来推动文化多样性的发展与对法国本土文化的保护。法国与德国一样，对电影业给予了特殊的关注与扶持。法国给予视听服务业的补贴要远高于其他欧盟成员国。1989 年法国实施了朗格计划，对法国电影业影响深远。该计划对法国电影制造提供高额补助，旨在捍卫并传播法语文化的同时促进文化的多样性发展。法国对电影业的财政支持主要是通过法国国家影视动画中心来实现的，该机构设立的目的在于维护法国及欧洲影视产品在本土以及海外的强力存在，并为创意与传播的多样性发展作出贡献。法国政府大力支持法语电影走出去，法国国家电影中心、法语联盟、法国国际电视台是促进法国视听节目走出去的三大机构，例如 CNC 通过一系列的国际项目来促进法国电影走出去，帮助企业进行外语字幕与配音、格式转换、促销设计等工作。

（5）日本。日本政府于上世纪 50 年代提出贸易立国战略，实现了日本经济在上世纪 60 年代和 80 年代两次经济高速增长，但进入上世纪 90 年代日本经济陷入低迷期，日本对经济增长方式进行了战略调整。1996 年，日本颁布《21 世纪文化立国方略》，标志着日本正式提出文化立国战略。随着全球文化战略竞争日益加剧，日本政府更加重视文化产业发展，2006 年以后几乎每年都出台关于文化或内容产业发展的规划。2010 年出台的《文化产业大国战略》，显示了日本政府在文化产业发展方面的雄心，在一系列政策的支持下，日本青春偶像剧、动漫为代表的文化产业自上世纪 90 年代起开始迅速发展，在全球风靡一时。日本漫画出版销售额约占全国的 1/5，为动漫产业发展奠定了良好基础，2004 年创意产业销售收入比例超过 7%，接近汽车工业 8% 的比例，超过电子产品销售收入比例，成为日本经济三大支柱产业之一。在文化立国战略的引领下，日本从资金投入、人才培养、法律体系完善等多个方面着手，创造了促进文化产业发展的政策环境。主要体现在：第一，日本文化产业方面的法律可操作性较强，在法律颁布后还有具体的政策措施相配套，从而保证法律的执行性。根据 2001 年出台的《文化艺术振兴基本法》，日本政府先后于 2002 年和 2007 年两次公布《关于振兴文化艺术的基本方针》，明确了振兴文化艺术的意义、重点任务和措施。日本政府认识到知识产权的重要价值，日本知识产权法律体系更多地体现在积极促进知识产权的利用方法。2002 年，日本政府制定《知识产权基本法》，从而通过法律形式将知识产权上升为国家事务。除上述法律外，日本还制定了《文化产品创造、保护及活用促进基本法》《著作权管理法》《著作权中介业务法》等多部法律。在资金投入和人才培养等方面，日本采取财政补助、财政基金、财政投资与政府公共采购等形式扶持文化产业发展。例如，日本政府给予具有日本民族特色的文化艺术产业提供包括财政补助、税收优惠、贴息贷款和政府担保等方式的支持，以鼓励民间文化的传承与发展。日本政府和地方政府设立了各项奖项，鼓励数字内容产业的发展，例如"TSB 数字内容大奖""东京动画大奖赛"等；日本政府还通过与民间合作设立资金的方式鼓励文化产业的发展，例如，2004 年设立了产业海外展开基金；日本财政投资则主要用于文化基础设施建设以及公益性文化项目的投入、专业人才的培养等。人才培养方面，日本文部省 2000 年的《教育白皮书》中将日本动漫称为"日本的文化"和"现代的重要表达方式之一"。2011 年 2 月公布的日本政府《关于振兴文化艺术第三次方针》，强调重视文化艺术人才的培育，让年轻一代扎实地传承日本传统文化艺术。

近年来，日本多所高校和职业学院均开设了形象造型学、数码艺术、媒体、动画学等文化产业专门学科。日本政府高度重视开拓海外市场，旨在进一步扩大对外文化影响力。例如日本连续剧《阿信》曾先后无偿在全球多个国家和地区播放，向世界宣传日本人民的真诚与坚韧，日本外务省曾拨款24亿日元购买日本动画版权，将动画片免费提供给发展中国家电视台播放。随着日本社会的老龄化发展，文化产业的市场规模也受到影响，日本逐渐将文化产业的对外输出上升为国家战略的高度。日本经济产业省分析认为，日本内容产业增长潜力主要在海外市场，因此把发展内容产业的主要目标定位在海外市场的拓展方面，日本经济产业省于2003年专门成立"文化产业全球策略委员会"，以促进文化产业的迅速健康发展，推动日本文化产品走出去。随着日本文化在全球流行和兴起，"酷日本"逐步成为日本政界的高频词汇。从2010年开始，日本政府成立创意产业部，统一协调不同部门的管理，并开始积极推动"酷日本"战略，这项战略旨在向全球多个国家和地区推广多个专项海外扩张计划。

（6）韩国。韩国提出文化立国战略的时间是在1998年，提出的背景是当时的韩国受到亚洲金融危机的巨大冲击，为重整经济，需要调整经济结构，为此韩国政府开始重视文化产业发展，提出文化立国战略，明确韩国文化产业发展的总体方针与路线。此后，韩国政府于2000年成立文化振兴产业委员会，负责制定文化产业发展规划，2001年韩国政府成立文化媒体产业振兴科，2009年成立韩国文化产业振兴院，旨在整合文化领域资源，构建更有效率的综合支持体系。在多项配套政策实施下，韩国实现了文化贸易跨越式发展，在很多领域对日本文化贸易产生巨大的竞争。在文化产业法律建设方面，1999

年，韩国政府出台全球首部文化产业促进法律——《文化产业振兴基本法》，明确了韩国发展重点文化产业，为文化产业机构的设立、基金的建立以及税收优惠等提供了法律支持。此外，韩国针对不同行业制定或修订了法律，例如《综合放送法》《电影振兴法》《著作权法》《演出法》等，为文化产业的振兴与发展提供了法律保障。随着数字化时代的到来，韩国与时俱进，于 2002 年颁布了《在线数字内容产业发展法》，为韩国网络游戏、动漫等数字内容产业在线发展奠定了法律保障。在资金投入、人才培养等方面，韩国政府通过产业基金、投资组合等方式，支持文化产业的发展，先后设立了文艺振兴基金、广播发展基金等若干专项基金。韩国文化产业振兴院还通过政府与民间投资组合，除了直接的财政拨款与基金运作外，还通过投资组合的方式来筹集资金。以社会资金为主，政府提供资金配套，极大地补充了文化产业发展的基金，成功地支持了多项文化项目的运作。在人才培养方面，韩国成立了汉城游戏学院、全州文化产业大学、大丘文化开发中心等专业的文化院校。韩国的普通高校也加大了对文化产业的重视，截至 2020 年，韩国高校开设文化产业相关专业达到 50 多个。除了正规院校培养外，韩国还采取网络培养、机构培养、资格培训等多种形式，培养各种产业人才。此外，政府提供高额补贴，多次派专业人员访问美国、日本等国家，以培养与国际接轨的高水平产业人才。

与此同时，韩国还高度重视本土文化走出去，实施文化产业园区政策是韩国实施文化走出去战略的重要举措。韩国文化产业园区政策主要体现在产业园区的规划与建设方面。韩国政府主要通过"地方政府为主，中央政府支持，动员民间力量"的模式资助建设文化产业园区，韩国目前已经建成十多个文化产业园区，并且分工明确，功能定位囊括了多媒体、游戏、动画、漫画、设计、音像等多个文化类别。

第二节 对中国与东盟文化贸易高质量发展的经验借鉴

一、政府的扶持和鼓励政策扮演着关键角色

综合上述六大文化贸易强国政府扶持和鼓励政策，可以得出，这些国家文化产业竞争力提升是因为对文化产业与贸易采取扶持和鼓励的政策发挥着关键作用。这些国家采取的扶持和鼓励政策的主要内容在于对文化产业发展规划、公共文化事业部门发展、创造有助于文化产业发展的政策法律环境和引导民间力量等机制建设方面。例如，各国对公共文化部门（如博物馆、图书馆等）、高层次表演艺术和民族艺术等进行了大量的财政支持。美国的做法是通过制定对公益捐赠免税的政策，极大地促进了社会对文化教育艺术事业的捐赠热情，免税额度在 250 亿美元以上，并开拓了一个慈善捐赠的专业市场，美国政府扮演的角色是推动中美电影输出协议，打击盗版协议，以及通过联邦电信法、微软垄断诉讼案，打击国内市场垄断行为。这些文化贸易强国的政策也充分展现出国家竞争优势理论的作用，迈克尔·波特在《国家竞争优势》中指出："政府并不能控制

国家竞争优势，它所能做的就是通过微妙的、观念性的政策影响竞争优势"。英国提出的创意产业理念正是如此："政府制定产业政策的主要目标是发展提高生产力的人力资源和资本以及创新产业发展的环境。"英国在创意产业方面采取一系列扶持政策，比如政府对创新产业进行科学规划和统一协调，以及通过基金和人才方面持续投入，在这些政策的作用下，创意产业成为英国重要产业，比重占到GDP 的 8% 以上。日韩两国对产业发展的资金主要是在政府倡导下，因为"政府必须直接投入的部分应是企业无法采取行动的领域，如贸易政策，或是外部效应过大造成企业不宜投资的领域"，主要由大财团采用"联盟投资"或组建财团法人基金等方式来解决。日韩两国政府的作用主要是通过诸多规划和产业立法，凝聚社会共识和监理目标，同时在宽带通信基础设施、专业人才训练平台、行业规范等方面加大投入，降低产业的总投入成本。韩国在文化立国战略统领下，把进军全球市场作为重要的战略目标，分阶段、战略性地进行开拓。以中国、日本为重点的东亚地区是其规划进军世界的基石，进而进军东南亚和欧美市场，并不断发展潜在的中东和中南美市场。推动中国与东盟国家文化贸易高质量发展，政府在其中应扮演重要角色。

二、营造吸引与留住文化产业与文化贸易人才的营商环境

营商环境是指市场主体在准入、生产经营、退出等过程中涉及的政务环境、市场环境、法治环境、人文环境等有关外部因素和条件的

总和。文化产业与文化贸易得以有序发展的重要前提是良好的营商环境，而良好的营商环境建立的前提是"政府依法＋行业自律"的文化产业与文化贸易发展的理想制度环境。主要包括如下两个方面：一方面，政府带头依法行使权力，规范自身行为。比如，美国的《大众传播法》、欧盟的《电视无疆界指令》均明确限制了政府在这一领域的干预权，韩国在《电影振兴法》中导入"限制上映电影院"制度来有效落实影片的分级制度（保护儿童和青少年），韩国为发展网游制定了《预防和消除网络游戏沉迷政策》，在法律上规定了治理"网络沉迷"负面作用的社会和政府责任。英国对创意产业强调保持"一臂之距"的独特制度，虽然财政支持公共文化事业的金额相当大，但是通过成立 46 个独立的、公益性的公共文化理事会机构法人来管理主要的文化艺术体育事务，避免了党派政治和可能引发的政府官员决策不连续、不专业问题。另一方面，具备高度的行业自律管理。美国在涉及文化领域方面均建立了具有国际影响力的行业协会，出版领域有美国出版商协会、美国书商协会等，影视领域有独立电影电视联盟、美国电影协会等，视觉艺术领域有国际视觉艺术协会，新媒体领域有娱乐软件协会等，这些协会代表着其成员的利益，在推动行业良性发展、行业标准设立与维护、公众维权、政府游说等方面发挥了巨大的作用。例如美国电影协会设立的电影分级制度，为全球电影分级制度提供了典范，MPAA 还通过政治游说促进版权法的修改，取缔非法电影共享网络等行动，积极促进电影领域的知识产权保护，维护了有关成员企业的利益。在互联网时代，美国联盟协会的志愿者组织开发了限制儿童接触互联网色情内容的过滤软件。美国的行业自律管理也影响到日本类似的行业协会，同样实行严格的自律管理。持续优化营商环境正是推动中国与东盟文化贸易高质量发展的现实需要。持续优化营商环境有助于吸引与留住更多文化产业与贸易人才，增强中国文化产业实力，激发中国文化对外输出到东盟市场的潜力，助推中国与东盟文化贸易高质量发展。

三、注重双向文化交流，重视开拓文化产业合作空间

文化贸易强国在坚持和保护发展本国文化的同时，也重视文化的多元化发展，强调对世界各国文化的兼容并蓄，注重双边与多边文化交流，开拓文化产业的空间。这种双向的交流在美国、英国、法国和德国更加明显，美国正因为能够包容全球多元文化，成功将全球多种文化元素、多样化的文化价值观应用于文化作品，其文化才能广泛传播到全球各个国家和地区；而法国文化展示其多样性和创造性，也有利于其成功建立文化贸易大国的形象。与传统意义上的"资源小国"不同的是，日本一直将自己视为在世界范围内的"文化资源大国"。[1]日本致力于为文化产业的发展创造一个良好的环境，建立一整套完善的产业体系并积极寻找世界性的元素，以迎合各种文化消费者的需要。[2]同时，日本政府还通过学校、财团等民间团体，在海外设立了大量的日本文化研究和推广机构，比如在亚洲，不少大学都设立有日本文化创意中心、日本文化研究所等机构，通过派遣教员、邀请学者

[1]　赵政原：《日本拓展文化产业的经验及对我国的启示》，《世界经济与政治》2008年第5期。

[2]　李学军：《我国发展文化产业的国际借鉴》，《中共四川省委党校学报》2014年第4期。

访问和接收留学生等方式促进日本文化的传播。① 同时，通过对外交流推动日本的传统文化产业向全球传播，例如茶道、花道等，并通过产业间的良好互动，发展多线品牌效应。② 日本的大型文化产业集团正在不断打破行业与地区之间的分工界限，通过在资金、技术、经营组织方式等方面的重新组合，形成传媒业、娱乐业、电信业、电脑业、出版业等产业之间的相互融合、相互渗透的新格局，出现了数家大型和超大型的跨行业、跨国界的强势文化产业集团。近年来，日本正通过以文化为主题的各种授奖和展览活动扩大其在世界范围内的影响，比如一年一度的东京国际电影节、东京电玩展等都给日本的文化产业带来了巨大的商机。③ 因此，推动中国与东盟文化贸易高质量发展，可以借鉴日本文化产业与文化贸易发展的基本经验，考虑建立中国与东盟文化产业平台，通过双方企业的合作、兼并以拓展双方产业合作的空间，在中国或东盟国家轮流举办各种大型会展、设立奖项等，加强双方文化贸易合作。

四、注重文化服务贸易与新科技的融合，注重品牌塑造、营销与知识产权保护

在当今全球文化产业中，无论是电影、录像、光盘、游戏、动

---

① 赵政原:《日本拓展文化产业的经验及对我国的启示》,《世界经济与政治》2008 年第 5 期。

② 赵学琳:《基于全球视野对文化产业发展态势的前沿分析》,《探索》2009 年第 4 期。

③ 赵政原:《日本拓展文化产业的经验及对我国的启示》,《世界经济与政治》2008 年第 5 期。

画、互联网，还是出版、印刷、期刊、广告等各个领域，美国都一直保持着颇高的创新能力和领先水平，能在短时间内迅速引进所需技术发展文化贸易，同时加快技术消化吸收，提高技术利用效率，而且还扩大了文化生产企业和贸易企业的规模和实力。美国创造了好莱坞、百老汇等世界顶级文化产品品牌，同时不断加大品牌营销，在国际上始终保持很高的关注度。美国的版权保护制度是世界上最为系统、严密和与时俱进的知识产权制度。美国文化品牌强调版权保护，自1790年制定第一个版权法后，又相继通过了《半导体芯片保护法》《跨世纪数字版权法》《电子盗版禁止法》等一系列版权保护的法律法规。美国已建立起比较完善的知识产权保护体系，形成了保护与激励原创的机制，从制度上保证了美国成为世界文化创意创作中心。随着互联网时代的到来和版权产业海外发展的需要，美国更是努力将全球版权保护提高到一个新的水平。因此，《与贸易有关的知识产权协议》在关税总协定乌拉圭回合谈判中获得通过之后，美国借助这一具有强制性的贸易规则，将版权保护与贸易挂钩，全面开启了海外版权保护和扩张运动。在国际贸易谈判中，美国政府坚持将贸易自由化问题同文化贸易开放问题联系在一起，对各国政府施加压力，要求各国开放文化产品市场，这为美国文化产品占领国际文化市场营造了宽松的国际经营氛围。① 美国知名文化品牌好莱坞、迪士尼、百老汇等，都将其品牌与文化产品紧密结合，通过跨行业、跨媒介以及跨国界的延伸，增加品牌的覆盖面，提高其文

---

① 雷兴长等：《当今文化贸易国际格局特征分析》，《社科纵横》2008年第10期。

化产品的附加值。① 例如，美国的《国家地理》杂志在将品牌向其他媒体延伸的基础上，还积极进行杂志的海外扩张，并衍生出了不少姊妹刊。该杂志在各国的本地刊更是充分利用了当地的办刊体验、基础设施和内容资源，许多合伙人还被授权和出版带有国家地理协会品牌的其他产品。②

---

① 姚兆芬、唐明华：《美日文化产业对外发展策略对中国的启示——基于企业层面的分析》，《天津商业大学学报》2010 年第 6 期。

② 姚兆芬、唐明华：《美日文化产业对外发展策略对中国的启示——基于企业层面的分析》，《天津商业大学学报》2010 年第 6 期。

第四章　中国与东盟文化贸易高质量发展的基础

第一节　中国对外文化贸易整体发展明显增强，文化国际影响力持续提升

在过去的新世纪头二十年，中国紧紧抓住发展的重要战略机遇期，不断深化改革开放，中国经济实现了巨大的腾飞，综合国力迈上新台阶。"提高国家文化软实力"，这不仅是我国文化建设的一个战略重点，也是我国建设和谐世界战略思想的重要组成部分，更是实现中华民族伟大复兴的重要前提。[①] 正如习近平总书记在主持中央政治局2013年第十二次集体学习时指出的，提高国家文化软实力，关系"两个一百年"奋斗目标和中华民族伟大复兴中国梦的实现。[②] 发展对外文化贸易是提升国家文化软实力、增强中华文化影响力和竞争力的重要方式。文化产业的发展是文化软实力提升的主要动力。我国文化产

---

①　王永贵：《中国特色文化道路：中国特色社会主义道路的深化和拓展》，《思想理论教育》2012年第1期。

②　《习近平谈治国理政》，外文出版社2014年版，第160页。

业发展迅速，2013 年至 2019 年中国文化产业增加值占 GDP 比重呈现逐年增加趋势。2013 年文化产业增加值为 21351 亿元，占 GDP 的 3.63%。2019 年，中国文化产业增加值为 41449 亿元，占 GDP 比重的 4.18%。2019 年，中国文化及相关产业规模以上企业实现营业收入 86624 亿元，比 2018 年增长 7%，保持平稳快速增长。其中，分行业类别看，2019 年中国文化及相关产业 9 个行业的营业收入均实现增长。其中，增速超过 10% 的行业有 3 个，分别是：新闻信息服务营业收入 6800 亿元，比 2018 年增长 23.0%；文化投资运营 221 亿元，增长 13.8%；创意设计服务 12276 亿元，比 2018 年增长 11.3%。分产业类型看，2019 年文化制造业实现营业收入 36739 亿元，比 2018 年增长 3.2%；文化批发和零售业 14726 亿元，比 2018 年增长 4.4%；文化服务业 35159 亿元，比 2018 年增长 12.4%。文化制造业和文化服务业收入占比分别为 42% 和 41%。其中，文化服务业发展较为迅速。分领域看，2019 年，文化核心领域营业收入 50471 亿元，比 2018 年增长 9.8%，占比 58%；文化相关领域 36153 亿元，比 2018 年增长 3.2%，占比 42%。"互联网＋"以及数字经济的发展，进一步激发了网络直播、网络游戏等新兴媒体的发展，不断推动中国文化产业结构优化升级和迈向高质量发展。文化产业的蓬勃发展，不断激发了我国文化出口潜力。到 2019 年，中国文化贸易进出口总额达 1114.5 亿美元，是 2008 年进出口总额的 2.6 倍。其中，出口额从 2008 年的 390.5 亿美元，增长到 2019 年的 998.9 亿美元。进口额从 2008 年的 42.5 亿美元，增长到 2019 年的 115.7 亿美元。中国文化贸易整体增速态势趋稳，2008 年至 2019 年中国文化贸易出口额和进口额的平均增速分别为 22% 和 43%，均高于世界平均水平。

单位：亿美元

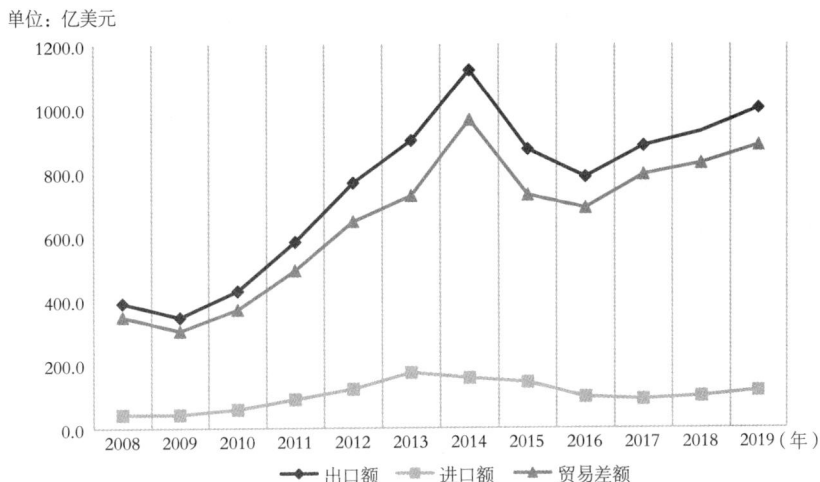

图4—1　2008年至2019年中国文化贸易进出口及差额情况

　　虽然近年来全球经济增长疲软，国际贸易放缓，中国外贸总体面临下行压力较大，但中国对外文化贸易总体上呈现稳定的增长趋势。2019年中国文化贸易进出口总额同比增长8.9%。总体上看，中国对外文化贸易仍以顺差为主，且顺差呈现持续扩大的趋势，2019年贸易顺差约为883.2亿美元。这样的增长趋势，与进入新世纪第二个十年后，中国政府对加快发展文化贸易的高度重视和大力支持，以及中国民众文化消费日益升温密不可分。一方面，中国政府先后出台了《国务院关于加快发展对外文化贸易的意见》等政策文件，随后北京、上海等城市陆续发布推动对外文化贸易快速发展的相关政策，分别从工作重点、财税支持、金融服务、服务保障等方面制定了详细的政策措施。2017年6月，商务部、中宣部、文化和旅游部、国家广播电视总局等部门，共同启动北京天竺综合保税区、上海市徐汇区、江苏省无锡市等13家国家文化出口基地建设，13家基地在文化贸易发展方面既包括行政区域，也包括经济和文化类园区，发展的重点既包括中华传统文化出口，也包括新兴文化领域出口。国家文化出口基地建设，有助于培育具有国际竞争力的文化企业和形成国际文化交易平台，创新文化贸易发展模式和经验，推动文化贸易高质量发展，成为中华文化走出去的重要实施路径。另一方面，随着中国经济社会的快速发展和综合国力的显著增强，居民生活水平收入水平和物质生活水平的不断提高，极大地提升了居民的消费能力。对于蕴含一国风土人情且能陶冶人们情操的文化产品需求日趋旺盛，文化消费内容更趋丰富多彩，加上数字文化的线上消费新模式，创新居民消费体验和观念，极大地促进文化消费扩容提质和增长潜质，2019年中国文化进口额同比增长17.4%，文化消费成为促进国民经济增长的"新主力军"。

从全球文化贸易进口格局来看，根据联合国教科文组织统计，从2013年开始至今，中国多年保持了全球文化产品最大出口国的地位。中国文化产品贸易市场占有率占世界比重位居前列，仅次于美国和英国等文化贸易强国，出口市场更趋多元化，文化产品出口覆盖全球所有国家和地区，加强了文化交流，提升了民心相通。归功于全球文化消费经济快速发展，中国积极推进文化"走出去"战略，提升文化竞争力，文化产业基础设施建设也得以完善。从全球文化贸易出口格局来看，中国政府对文化商品和服务进口贸易积极支持和鼓励，但从整体上来看，中国对外文化贸易以顺差为主，且顺差呈现持续扩大的变化趋势，2019年贸易顺差约为883.2亿美元。中国文化贸易进口额有了很大的提升，但是与世界文化进口的主要市场差距在缩小，对全球文化进口贸易格局影响在不断增大。中国文化产品贸易进口占全球文化产品贸易进口的比重在上升，已经进入全部国家的前10位。中国文化服务贸易进口占全球文化服务贸易进口比重也在上升，在全部国家中排名进入前20位。

从中国对外文化贸易商品结构来看，2019年中国文化进出口商品与2018年相比呈现差异化发展趋势。对于出口贸易而言，2019年出版物、工艺美术品及收藏品、文化用品、文化专用设备这四大类文化商品的出口额分别为37.2亿美元、317.3亿美元、523亿美元和121.4亿美元，同比增长率分别为4.8%、5.6%、11.7%和0.2%。对于中国对外文化贸易进口而言，2019年出版物、工艺美术品及收藏品、文化用品、文化专用设备这四大类文化商品的进口额分别为16.5亿美元、36.8亿美元、23.9亿美元和38.4亿美元，同比增长率为13.1%、100.3%、23.5%和-16.8%。进口量的增加，说明了中国消费者在文化精神层面的需求得以极大的丰富和满足。在中国文化"走出去"战略的指引下，中国对外文化贸易保持长期的贸易顺差，出版物中，除了音像制品以及电子出版物出现一定的贸易逆差外，图书、报纸、期刊以及其他出版物均为贸易顺差。工艺美术品及收藏品中，在近年收藏品进口额逐年大幅增加的影响下，收藏品对外贸易为贸易逆差，工艺美术品仍然为贸易顺差。文具、乐器、玩具等文化用品以及印刷专用设备均以贸易顺差为主，且在这几类商品对外出口不断增加的趋势下，贸易顺差也随之增加。

随着中国持续推动文化"走出去"战略，中国文化软实力得以提升，中国自主技术进步和创新不断提升，中国文化产业竞争力提升，加上国外消费者对中国文化产品需求追求高质量，中国文化产品质量不断提升，也越来越注重内涵式发展，追求文化产品出口高质量发展的策略。近年来中国文化产业链在全球产业链中不断攀升，促进了中国文化贸易格局的优化升级，目前中国文化贸易方式已经形成以一般贸易为主的贸易格局。2019年以一般贸易方式进行的文化贸易进出口总额为566亿美元，其中出口额为503亿美元，同比增长20.9%；进口额为62.8亿美元，同比增长9.5%。加工贸易进出口总额为356.6亿美元，其中出口额为335亿美元，同比下降10.9%；进口额为21.6亿美元，同比下降24.8%。此外，随着全球文化消费市场日趋活跃，以其他贸易方式为主的对外文化贸易均呈现跨越式增长的态势。2019年其他贸易方式下的文化出口贸易额为16.5亿美元，同比增长20.8%。进口额为31.3亿美元，同比增长超过1.5倍。

从中国文化贸易对象目的地划分来看，从2013年至2019年，中国对外文化贸易依然以发达国家和地区为主，中国文化贸易前十五位出口市场中，美国、英国、德国、法国、荷兰和日本位居前列；中国文化贸易前十五位进口市场中，依然集中于德国、法国、美国和日本等发达国家。与共建的"一带一路"沿线国家和地区的对外文化贸易规模逐步扩大，对外文化贸易商品不断优化。2016年以后，随着世界经济和贸易增长有所缓和，中国与"一带一路"沿线国家和地区的对外文化贸易总额也持续增长，从2016年的148.7亿美元，增长至2019年的229.3亿美元，其中进出口贸易额分别为25.9亿美元和203亿美元，且2019年对"一带一路"沿线国家和地区文化贸易出口额和进口额分别增长24.9%和17.9%。2019年中国与"一带一路"沿线国家和地区文化产品进出口商品类别中，出版物进出口总额为8.1亿美元，其中出口额为3.8亿美元，同比增长31.1%；进口额为 4.2 亿美元，同比增长 109.4%。工艺美术品及收藏品进出口总额为 56.2 亿美元，其中出口额为 52.5 亿美元，同比增长 24.4%；进口额为 3.7 亿美元，同比增长 25.3%。文化用品进出口额为 120.7 亿美元，其中出口额为 115.8 亿美元，同比增长 35.7%；进口额为 4.9 亿美元，同比增长 7.3 亿美元。文化专用设备进出口总额为 44.3 亿美元，比 2018 年略有下降。

文化服务属于服务贸易，随着中国服务贸易快速成为对外贸易的突出亮点，中国文化服务贸易发展态势趋于向上增长态势，贸易结构持续优化，对外文化服务质量不断提高。商务部统计数据显示，2019 年中国个人文化娱乐服务进出口总额为 52.8 亿美元，同比增长 14.5%。受新冠肺炎疫情等多种因素的影响，2020 年中国服务进出口总额达 45642.7 亿元，虽然同比下降 15.7%，但是总体上全年服务出口明显好于进口，贸易逆差减少，知识密集型服务贸易占比提高。2020 年 12 月服务出口增速成为当年内最高。中国服务出口 2316.2 亿元，增长 6.9%，是 2020 年出口增速最高的月份。其中，知识产权使用费出口 79.4 亿元，同比增长 76.6%；个人文化娱乐服务出口 13.5 亿元，同比增长 46.5%；2020 年全年，中国知识密集型服务进出口 20331.2 亿元，比 2019 年增长 8.3%，占服务进出口总额的比重达到 44.5%，提升 9.9 个百分点。其中，知识密集型服务出口 10701.4 亿元，比 2019 年增长 7.9%，占服务出口总额的比重达到 55.3%，比 2019 年提升 4.6 个百分点；出口增长较快的领域是知识产权使用费、电信计算机和信息服务、保险服务，分别比 2019 年增长 30.5%、12.8% 和 12.5%。知识密集型服务进口 9629.8 亿元，同比增长 8.7%，占服务进口总额的比重达到 36.6%，提升 11 个百分点；进口增长较快的领域是金融服务、电信计算机和信息服务，分别比 2019 年增长 28.5% 和 22.5%。

随着中国营商环境不断改善，法制体系日益健全，未来中国对外文化贸易仍然将保持稳步发展的态势，不断激发文化输出能力，提升中国文化的国际影响力。

第二节　中国与东盟文化贸易发展面临的有利条件

一、中国与东盟文化产品贸易持续快速发展

新世纪以来，中国与东盟友好合作关系获得全方位进展。在双方合作不断充实和发展的红利推动下，中国与东盟文化产品贸易增速较快，中国与东盟文化产品进出口贸易总额在 2009 年至 2019 年间年均增长率为 24.5%。中国和东盟文化产品贸易的进出口增速均要远高于同期全球文化产品贸易额年平均增长率，中国比东盟文化产品出口的增速势头更加强劲。[①] 从贸易均衡性来看，中国与东盟的文化产品贸易保持着顺差，2016 年至 2020 年中国对东盟文化产品出口额和进出口额年平均增长率分别为 27% 和 31%，与 2006 年至 2015 年中国对东盟文化产品出口额、进口额年平均增长率分别为 33.95% 和 23.11%

---

　　① 汪浩帆、黄依薇：《"一带一路"背景下中国与东盟文化产品贸易关系分析》，《商场现代化》2019 年第 5 期。

相比，中国对东盟文化产品贸易顺差进一步扩大趋势有所下降。[1] 中国是东盟在文化产品进口规模的 2 倍，但在中国文化产品出口规模却是东盟的 8 倍至 9 倍，并在全球产品出口市场占比近四成，是全球文化产品最大出口经济国。从双方文化在各自市场的进出口现状来看，2016 年至 2020 年中国对东盟的出口额以年均超过 30% 的速度增长，东盟对中国的出口额年均增速达到 110.33%。从文化贸易的地理格局来看，美国、欧盟、东亚、东南亚和西亚分别排在中国文化产品出口地区的前五位，美国、欧盟、西亚、东南亚位居中国文化产品出口地区的前列。[2] 北美、欧盟、西亚、东亚位居东盟文化产品出口地区的前五位。可以看出，北美和欧盟均是中国与东盟文化产品出口的最重要目标市场。而在亚洲，中国文化产品出口更加侧重东亚市场，而东盟国家文化产品出口更侧重西亚市场。[3] 从中国与"一带一路"沿线国家和地区的区域结构来看，中国对东盟十国的主要文化产品出口总额占中国对"一带一路"所有沿线国家出口总额达 60%。从发展趋势上来看，东盟所占市场份额势头良好，呈现总体上升趋势。中国对东盟国家文化产品出口的主要市场包括印度尼西亚、泰国、越南，其次是菲律宾、新加坡、马来西亚。从中国与东盟文化贸易产品结构来看，中国、新加坡的表演和节庆产品出口额位居出口额第十名；绘画、雕像、陶瓷、首饰、摄影是双方文化贸易的主要内容；中国进

---

[1]　汪浩帆、黄依薇：《"一带一路"背景下中国与东盟文化产品贸易关系分析》，《商场现代化》2019 年第 5 期。

[2]　王洪涛、周莉：《中国与东盟文化贸易的竞争性与互补性研究》，《学术论坛》2015 年第 11 期。

[3]　王洪涛、周莉：《中国与东盟文化贸易的竞争性与互补性研究》，《学术论坛》2015 年第 11 期。

口东盟国家的文化产品除了研究东盟国家的文化传统习俗的出版物外，纺织、玩具、贵金属制品、消费电子产品，进口塑料雕像、刺绣品、其他装饰品，翡翠等手工艺品，均集中在东盟国家独具本国文化特色和产业优势的文化产品。中国出口的文化产品，设计类产品通常占出口总额的 60% 至 70%，而且这一比重呈不断扩大趋势。其次是工艺品类产品，这一类产品的比重保持在 15% 左右，其他文化产品的比重均低于 10%。根据 UNCTAD 最新的统计数据整理，2015 年至 2020 年，中国与东盟文化产品的贸易互补性不断提高。近年来，借助文化论坛、博览会等经贸与人文交流平台，有效地促进了双方之间人文交流，中国与东盟国家之间的文化贸易广度和深度得以拓展。例如，中国通过在广西南宁召开的一年一度的中国—东盟博览会，不仅集中展示了双方特色文化形象、旅游文化、演艺文化、创意文化产品、期刊出版物、动漫游戏及相关产业的服务外包、开发制作、版权交易、出版发行、译制播放、衍生品等，而且吸引了印尼、泰国、马来西亚等东盟国家的上百家企业参展交流、洽谈签约，进一步推动双方在文化、动漫和游戏产业领域的交流合作，培育双方文化贸易新的增长点。

二、中国与东南亚人文交流源远流长，交融互鉴，助推文化贸易发展

中国与东南亚之间的文明交流，最早可追溯到汉朝时期。在《汉书·地理志》中，中国与东南亚的交流关系已经以文字记载的形式出现。其后历代王朝均保持着密切的经贸和人文交流。唐宋时期，中国

海商遍布东南亚沿海地区，人员往来频繁。郑和下西洋以及古代海上丝绸之路在东南亚国家广泛传播中国文化。郑和作为文化的交流、融合与发展的"特殊使者"，在东南亚地区享有极高的声誉，至今东南亚多国仍有供奉郑和的三宝（也叫"三保"）庙、郑和文化馆等各类纪念建筑至少15座。

近现代出现的两次"下南洋"移民浪潮，大批华人前往东南亚工作和定居，开启了中国文化与东南亚各国文化交融与发展的新高潮。中国与东盟关系实现正常化以来，不仅加速了中国与东南亚资金、商品、技术的交换，更进一步拓展了双方人文交流的深度和广度。如今，中国与东南亚的人员往来规模不断扩大，取得不俗成绩。在总量方面，中国是东盟第一大贸易伙伴，东盟则是中国第二大贸易伙伴。东盟国家是中国游客海外旅游最受欢迎的十大目的地之一。例如，2019年前9个月，中国游客占据柬埔寨接待外国游客榜首。中国成为老挝第三大客源国。2018年入境老挝的中国游客人数超过80万人。而东南亚每年也有大批游客来华旅游。中国与东盟各国往来密切，互为主要旅游目的地，每年人员往来超过6500万人次，每周近4000个航班往返于中国和东盟国家之间。双方旅游、商务等领域的人员大规模的往来，加快了双方文化之间的交融，推动了经贸文化的交流合作。值得关注的亮点是，在近年来数字经济蓬勃发展的大背景下，中国和东南亚国家属于文化同源国，中国的数字产品和数字服务在东南亚国家更容易得到接受和吸收。例如，电子商务、数字移动支付等中国人熟悉的商业模式和生活消费方式正在东南亚普及。目前，东南亚10国已全部受理银联卡。刷银联卡和扫码支付不仅是中国游客在东南亚消费的"流行动作"，也日益成为熟悉中国的东南亚人的"支付时尚"。同时,中国的阿里巴巴、腾讯等电子商务企业纷纷与东南亚国家合作,大大便利了双方商品流通。这些说明,中国与东南亚国家在现代商业文化交流与合作方面取得长足进展,互惠互利。

中国与东南亚国家在电影与传媒领域的交流合作务实推进。2012年和2013年火爆的中国电影《泰囧》,成为介绍泰国旅游和文化的一部"神片"。2013年3月13日,泰国总理英拉在总理府接见《泰囧》摄制组工作人员。感谢对泰国旅游的宣传,欢迎更多的中国导演在泰国取景拍片。泰国旅游的火热也催生了泰国旅游界、商界等人士的学习汉语和中国文化热。中国电视剧在越南也是流行甚广,越南两大视频网站之一的"ZingTV"评选的"2017年上半年最好看的11部中国电视剧",其中,《三生三世十里桃花》《择天记》《楚乔传》《人民的名义》等中国热播剧名列其中。中国电视剧《西游记》(1986年版)《包青天》《金太狼的幸福生活》等电视剧经过翻译和配音后,进入缅甸,让缅甸人了解到中国古代和现代的生活与文化。2016年,中国—东盟中心举办了首届东盟电影周,受到东盟民众广泛关注和好评。2017年东盟成立50周年之际,中国—东盟中心与东盟秘书处、马来西亚新闻和多媒体部、马来西亚国家电影发展局等多个机构,在新加坡举办了2017年中国—东盟电影节。在媒体交流方面,2018年1月,中国驻东盟使团与东盟秘书处、中国—东盟关系协调国菲律宾驻东盟使团,在印度尼西亚首都雅加达联合主办中国—东盟大型人文纪录片《丹行线》(印尼篇)发布仪式暨东盟其他国家摄制启动仪式。在亚洲文明对话大会召开前夕,2019年5月14日,以"新趋势新合作新未来"为主题的2019年中国—东盟媒体合作论坛在北京举办,中国与东盟的主流媒体代表和相关部门负责人、外交使节及国际组织代表等共话双方媒体如何在新技术引领下创新发展，促进不同文化之间的对话交流，共同开创合作与发展的新未来。

在饮食文化方面，从古至今中国与东南亚饮食文化不断交流碰撞并相互融合。例如，越南菜口味清爽顺口，泰国菜新鲜酸辣，在马来半岛广为流行娘惹菜以甜食为主，这些国家的菜系受中国菜影响很大。东南亚多国语言中有类似"豆腐""包子"等发音的词汇。近年来，双方的饮食文化交流更是直接"面对面"。在中国的北京、广州、南宁、中山等城市，均举办过"东南亚美食节"，吸引大批来客。在亚洲文明对话大会期间，来自泰国、马来西亚、新加坡等东南亚国家的美食在北京等地开展品尝活动。

综上所述，中国与东南亚地理位置相近，文化交流互鉴有助于夯实中国与东盟命运共同体的人文基础，也有利于双方未来开展高质量的文化贸易活动。

三、多层次合作倡议或机制成为双方文化贸易发展的有效保障

一是中国与东盟经贸关系的重要性凸显。东盟是"21世纪海上丝绸之路"的核心地带，又是中国对外投资和经贸合作的重要组成部分。因此，东盟是共建"一带一路"的重要伙伴和优先方向。因此，双方经贸关系在"钻石十年"需要提质增效，"一带一路"倡导的共商共建共享理念，为中国—东盟经贸发展注入持续新活力。与此同时，中国与东盟共建"一带一路"项目过程中，逐步形成"系统化工程""跨国产业园区""优势产业合作""多元化创新""战略对接"等

重要平台和机制,推动双方经贸合作的深度,不断夯实经贸合作基础。① 更为重要的是,中国—东盟在共建"一带一路"中,逐步完善政府主导的"决策与对接"机制、企业参与的"市场化运行"机制以及跨国联通机制,这些合作新平台、相关机制,确保中国与东盟经贸关系的平稳持续发展。二是在中国与东盟组织层面,中国与东盟是"兴衰相伴、安危与共、同舟共济的好邻居、好朋友、好伙伴",充分利用山水相连的地理优势,形成了物理、制度和人员之间的连接,通过全面的基础设施建设,推进中国与东盟在海陆空天网等地理空间的广泛连接。② 三是在次地区层面,通过澜湄命运共同体,加强中国与越南、老挝、柬埔寨、缅甸、泰国等东盟陆上国家的制度性合作。此外,中国与海上东盟国家的合作也在持续推进,比如中国与东盟海上互联互通建设、泛北合作、中国与东盟东部经济增长区的合作等。尤其是"中国—东盟命运共同体"构想的提出,产生了广泛的影响。2016 年是中国—东盟建立对话关系 25 周年,中国—东盟政治对话、经贸关系之外的新支柱——拓展和加深双方的人文交流关系得到前所未有的重视。四是在国家层面,中国在"一带一路"倡议下寻求与东南亚具体国家发展战略对接。③ 中国分别与老挝建设"陆锁国变陆联国"战略、与越南打造"两廊一圈"战略、与柬埔寨实现"四角"战略、与印尼建设"世界海洋轴心"战略、与马来西亚建设"全面发达

---

① 谷合强:《"一带一路"与中国—东盟经贸关系的发展》,《东南亚研究》2018年第 1 期。

② 翟崑、陈旖琦:《第三个奇迹:中国—东盟命运共同体建设进程及展望》,《云南师范大学学报(哲学社会科学版)》2020 年第 5 期。

③ 推进"一带一路"建设工作领导小组办公室:《共建"一带一路":理念、实践与中国的贡献》(中文版),2017 年 5 月。

国家—2020"战略实现对接。①

　　双方在人文交流机制的不断创新是双方文化深度融合与发展的重要动力。2005 年，双方签署《中国—东盟文化合作谅解备忘录》，标志着人文交流是中国和东盟共同打造的重点合作方向。以《中国—东盟文化合作谅解备忘录》的签署为标志，人文交流在 2005 年开始成为中国和东盟重点合作的领域。② 此后，中国—东盟陆续构建起以文化产业合作、教育交流与合作、青少年交流与国际旅游合作等为主要内容的人文交流与往来机制。③ 以文化交流为例，中国—东盟共同制定了《中国—东盟文化合作行动计划》，并以 2014 年中国—东盟文化交流年活动为契机致力于共同推进人文交流与合作关系。④ 教育交流与合作成为双方人文交流的先行领域。⑤2012 年 9 月 "中国—东盟科技伙伴计划" 启动，2013 年 9 月中国—东盟技术转移中心揭牌 ⑥。在中国—东盟科技伙伴计划框架下，中国与东盟国家全面启动了国家联合实验室的建设，现已建成的联合实验室或研究中心有 8 个。通过这些联合实验室或中心，建立双边长期稳定的合作关系，搭建高水平联

---

① 王玉主：《关于进一步推进泛北部湾经济合作的几点思考》，《东南亚纵横》2018 年第 2 期。

② 杨华：《中国—东盟文化交流的 "黄金十年"》，《东南亚纵横》2014 年 4 月。

③ 姜志达、王睿：《中国—东盟数字 "一带一路" 合作的进展及挑战》，《太平洋学报》2020 年第 9 期。

④ 陈林、冯霞、梁儒谦：《"一带一路" 倡议下发挥广西在增强中国—东盟文化认同中的作用》，《广西教育学院学报》2018 年第 6 期。

⑤ 王战、刘天乔、田婧：《人类命运共同体理论的构建与践行——以中法非人文交流为中心》，《江汉论坛》2019 年第 9 期。

⑥ 王勤、赵雪霏：《论中国—东盟自贸区与共建 "一带一路"》，《厦门大学学报（哲学社会科学版）》2020 年第 5 期。

合研究的平台，开展科研人才的合作交流，促进相关技术转移和成果转化。目前中国在东盟国家设立 6 个文化中心，建立 33 个孔子学院和 35 个孔子课堂，"中国—东盟教育周"已经成为中国与东盟年度青年人文交流的名片。[①]2015 年，中国与印尼建立副总理级的人文交流机制，这是中国与发展中国家建立的副总理级的人文交流机制。迄今，双方互派留学生已超过 20 万人次。[②] 这是中国与发展中国家建立的首个政府间人文交流机制。[③] 多年来，中国与东盟 8 国分别签订了双边教育交流协议，与马来西亚和泰国签订了学历学位互认协议，双方教育交流合作已涉及基础教育、中等教育、职业教育和高等教育。[④]2016 年，中国提出设立"中国—东盟海上丝绸之路奖学金"[⑤]。2018 年，中方再向湄公河国家提供 2000 个短期研修和在职学历学位教育名额、100 个为期四年的本科奖学金名额，邀请一批中高级官员赴华参加农业、医疗、卫生、水利等领域研修。从 2018 年开始，中国计划在 5 年内邀请 1000 名东盟优秀青年来华培训。中国与东南亚研究机构与学者间的各种互动交流也日益密集，每年举办多场关于"一带一路"、澜沧江—湄公河合作等区域和次区域的研讨会。其中，

---

① 王勤、赵雪霏：《论中国—东盟自贸区与共建"一带一路"》，《厦门大学学报（哲学社会科学版）》2020 年第 5 期。

② 张智：《西部发力"一带一路"：今年前 5 月实际使用外资是中部的 5 倍》，《中国外资》2019 年第 15 期。

③ 王勤、赵雪霏：《论中国—东盟自贸区与共建"一带一路"》，《厦门大学学报（哲学社会科学版）》2020 年第 5 期。

④ 云建辉、朱耀顺、杨乐琦：《中国—东盟高等教育共同体建设探索》，《产业与科技论坛》2019 年第 9 期。

⑤ 罗亮：《从南海争端视角看中国—东盟共建 21 世纪"海上丝绸之路"》，《广西师范大学学报（哲学社会科学版）》2016 年第 6 期。

最具影响力之一的是由中国华侨大学、泰国国家研究院、泰中文化经济协会等联合主办的中泰战略研讨会，会议得到两国政界、商界、学界、媒体界等高度重视。首届中泰战略研讨会2012年8月24日在泰国首都曼谷开幕，泰国公主诗琳通以及政商等各界人士数百人出席开幕式，此后每年在中泰两国轮流举办，截至2018年，该研讨会已经连续举办七届。研讨会内容聚焦中泰政治、经济、人文等领域合作，尤其是"一带一路"合作，成为推动两国人文交流和民心相通的重要渠道，也成为中泰人文交流的品牌之一。

可见，"一带一路"、东盟与中国（10+1）对话会、"两廊一圈"、澜沧江—湄公河合作等合作倡议或机制不仅持续推动中国与东南亚在政策沟通、设施联通、资金融通等取得不俗的成绩，更拓展了文明交流互鉴的途径，双方的人文交流发展蒸蒸日上，为双方文化贸易发展创造了便利的渠道和平台。

四、中国—东盟自贸区的建立是加快促进双边文化贸易发展的润滑剂

1997年亚洲金融危机爆发以后，随着中国的经济实力的增强和对外开放程度的加深，中国开始主动参与本地区的制度建设，制定和推进自由贸易区便是其中的一个重要方面。① 因此，进入21世纪伊始，中国加快实施自由贸易区战略，目前中国已签署自贸协定17个，涉及25个国家和地区，已构建出一个立足周边、辐射"一带一路"、面向

---

① 徐梅、赵江林：《中日两国FTA战略的比较分析》，《日本学刊》2008年第6期。

全球的高标准自由贸易区网络。其中，2002 年正式启动的中国—东盟自由贸易区是中国建立的首个自由贸易区。2001 年 11 月，时任中国国务院总理朱镕基在文莱斯里巴加湾市出席第五次东盟与中国领导人会议上，明确提出建立中国—东盟自由贸易区的倡议。2002 年 11 月，中国和东盟自贸区进程正式启动。2005 年 7 月，中国—东盟自贸区货物贸易协议正式生效，两年后，中国与东盟自贸区服务贸易协议生效。2009 年 8 月，中国与东盟签署中国—东盟自贸区投资协议。2010 年 1 月 1 日，中国—东盟自贸区正式建成。2014 年 8 月，中国与东盟围绕中国—东盟自贸区升级开展谈判。到 2019 年 8 月，东盟十国全部完成国内核准程序，10 月 22 日起，中国—东盟自贸区升级全面生效。《中国—东盟自贸区升级议定书》全面生效的意义在于，促进中国东盟双边贸易投资自由化水平，提升自贸区规则创新和优势，极大地促进自贸区扩容，向更高标准的制度型开放、经济质量型发展，在区域层面刺激企业加快融入全球价值链，带动以中间产品为特征的价值链贸易，吸引区域生产网络型投资，成为助推双边经贸合作迈向更高层次阶段、区域合作和经济复苏的新引擎。加上近十年来，多项面向东盟的政策红利落实落地，为深化双边经贸合作打造了可靠的政策基础。

历经二十年，在中国—东盟自由贸易区建设进程的推进下，中国—东盟区域内贸易比重迅速上升。据中方统计，2010—2019 年，中国与东盟双边贸易额从 2927.8 亿美元增至 6414.6 亿美元，增长 119.1%，而同期中国进出口贸易从 29727.6 亿美元增至 45761 亿美元，增长 53.9%，中国—东盟区内贸易占中国贸易的比重从 9.8% 升至 14%；据东盟方面统计，2010—2018 年东盟与中国区内贸易额从 2355.1 亿美元增至 4837.6 亿美元，增长 105.4%，而同期东盟进出口贸易从 20014.4 亿美元增至 28252.6 亿美元，增长 41.1%，东盟—中国区内贸易占东盟贸易的比重从 11.8% 升至 17.1%。2019 年，中国已连续 11 年成为东盟第一大贸易伙伴，东盟连续 9 年成为中国第三大贸易伙伴。

目前中国—东盟自贸区已成为全球吸引外国直接投资流量最大的地区。据中方统计，截至 2018 年底，中国与东盟区内双向直接投资累计额达 2161.4 亿美元。[①] 其中，东盟国家来华累计实际投资 1132.8 亿美元，占中国引进外资额的 5.6%；中国对东盟直接投资存量为 1028.6 亿美元，占中国对外投资的 5.2%。[②] 中国—东盟自贸区整体经济实力和国际地位迅速提升，目前该区域是世界上人口最多地区，是世界第三大经济体（仅次于美国和欧盟），是世界最大商品进出口贸易地区，是仅次于欧盟的第二大服务贸易进出口地区，也是世界最大吸收外国直接投资（FDI）流量的地区。[③]

中国和东盟十国均签署了第一、二批服务贸易的具体承诺减让表，列出相互开放的服务部门行业，其中包括了教育、科学、文化、旅游、公共卫生、体育等人文交流的领域，这为双方实施人文交流领域开放、消除相互限制、实现人文资源共享创造了条件。[④] 可以

---

① 王勤、赵雪霏：《论中国—东盟自贸区与共建"一带一路"》，《厦门大学学报（哲学社会科学版）》2020 年第 5 期。

② 冯煜、龚晓莺：《中国—东盟自由贸易区双边贸易动态经济效应分析》，《北方经济》2008 年第 16 期。

③ 王勤、赵雪霏：《论中国—东盟自贸区与共建"一带一路"》，《厦门大学学报（哲学社会科学版）》2020 年第 5 期。

④ 王勤、赵雪霏：《论中国—东盟自贸区与共建"一带一路"》，《厦门大学学报（哲学社会科学版）》2020 年第 5 期。

看到，中国—东盟自贸区建设，有助于加强中国与东盟国家文化贸易和合作交流，为双边进行优势互补、互利共赢创造了便利的机遇平台。

五、东盟市场广阔，潜力巨大

东盟是由 10 个东南亚国家共同组成的经济体，包括印度尼西亚、新加坡、泰国、菲律宾、马来西亚、文莱、越南、老挝、缅甸和柬埔寨。东盟各国一贯实施外向型经济发展战略，对外积极吸引外国投资，对内积极调整产业结构，促进产业结构优化升级，经济一直保持较高的增长势头。[①] 虽然 20 世纪 90 年代中后期东盟遭遇了严重经济危机冲击，但是进入 21 世纪以后，东盟经济一直保持稳定增长。2000 年至 2017 年的 GDP 平均增长达到 5.3%。2017年，东盟 GDP 达到 2.77 万亿美元。到 2019 年，东盟 GDP 达到3 万亿美元，东盟成为全球第五大经济体。[②] 东盟对外贸易规模达2.8 万亿美元，吸引外国直接投资规模达 1547 亿美元。2020 年受新冠肺炎疫情冲击，东盟经济整体萎缩 2.6%。但是根据日本经济新闻社和日本经济研究中心的调查显示，东盟将有望在 2021 年实现"U"型增长态势。根据亚洲开发银行（ADB）估计，2020 年东南亚 GDP 年增长率降至 1%，2021 年将反弹至 5%。可以看出，东

---

① 杜俊义：《中国—东盟对外文化贸易基地建设研究》，《广西大学学报（哲学社会科学版）》2014 年第 2 期。

② 曹云华、孙锦：《东南亚经济发展的地缘政治影响》，《东南亚纵横》2020 年第1 期。

盟经济有着足够的韧性。目前东盟 10 国共有 6.4 亿人口，是全球世界第三大人口地区，仅次于中国和印度。预计到 2030 年整个东盟区域人口将增至 7.1 亿。目前东盟区域六成人口年龄都在 35 岁以下。即便到了 2030 年，中位数年龄也只有 33 岁。人口流动成为推动东盟市场带来巨大消费需求、市场机遇的重要因素。因为人口流动的影响因素很多，比如自然、地理、经济、政治、社会、文化等。从长期来看，决定一个地区人口集聚的关键是该区域的经济规模，以及该城市与本国其他地区的人均收入差距，简单地说，就是"人随产业走，人往高处走"。从理论上来讲，在完全的市场竞争和个人同质条件下，较高的人均收入将不断地吸引区域人口净迁入，直至该地区的人均收入与其他地区持平。从全球来看，随着全球城市化整体进入中后期，人口将越发向都市圈和城市群集聚。目前全球人口流动呈现出的特点是：从低收入地区流向高收入地区，从中小城市流向大城市群。主要原因在于：一是在跨国层面，中高收入经济体人口生活水平接近高收入经济体，迁移动力不强。低收入经济体人口虽然迁移动力强，但难以承担迁移成本。而中低收入经济体人口迁移动力强，并且能够承担迁移成本。二是在城乡层面，随着全球城市化进程进入中后期，不同规模的城市人口将从过去的齐增变为分化，人口从乡村和中小城市向一、二线大都市圈迁移，而中小城市人口增长面临停滞甚至净迁出。1950 年至 2015 年，全球城市化率从 29.6% 增至 53.9%，该时期所有规模城市人口占比均有明显上升，所有规模城市人口年均增速均明显超过 1.7% 的自然增长水平。从两大迁移特点来看，东南亚地区是目前全球人口迁移的主要地区之一。从国别来看，主要集中在东南亚的菲律宾、缅甸、印尼、越南。从城乡层面来看，目前东盟国家的总体城市化率超过50%，每年增长率高达6%，预计到2030年达到60%，在2050年接近70%。大量年轻人口带来的持续劳动力增长，以及城市化水平的提高，成为未来东盟中长期发展的持续动力。其中产生的最重要影响是，东盟国家中产阶级的崛起并由此带来的消费意识觉醒和消费需求大幅提升。越南、菲律宾、印尼等东盟国家在实施出口导向战略和制造业转型升级战略的"双轮驱动"下，经济得以持续并快速增长，已产生相当规模的中产群体。加上，这些东盟国家城市中心因其对农村地区具有较强购买力者有吸引力，从而聚集了大量的消费者，城市中产阶级消费者的份额持续上升。根据香港贸易发展局的调查，到2025年，约有1.25亿个东盟家庭年收入超过1万元。其中三成家庭的年收入介于2.5万至9.5万元之间。预计到2030年，东盟70%的人口将成为中产阶级。在东盟中产阶级繁荣的推动下，消费支出将翻一番。尽管新冠肺炎疫情引发的经济衰退将抑制消费者信心，减少总体支出，但随着经济逐步复苏，这种行为将自行得以改善。2020年，东盟地区消费支出达到2.1万亿美元，是2012年消费支出的两倍。其中，越南和菲律宾消费支出增长最快，印尼依然是东盟地区最大的消费市场，消费支出接近8000亿美元。到2030年，东盟70%的人口将成为中产阶级。中产阶级的繁荣将使该地区的消费增加一倍以上。

新冠肺炎疫情加速数字化未来的发展，许多消费者第一次进行数字购物，现有消费者也在网络上花费了更多时间。Hootsuite的一份报告显示，在印度尼西亚、马来西亚、菲律宾、新加坡、泰国和越南，消费者每天平均使用手机屏幕的时间为4.2小时，是全球平均水平的 1.2 倍，其中年轻一代的使用时间达到了 5 小时。[①] 丰富的信息和选择将突出消费者的行为。[②] 随着农村和低收入社区获得与城市和高收入社区类似的信息，数字化开始将消费者行为同质化。它将消除东盟小企业蓬勃发展的障碍，提供医疗和教育等基本服务，并提供价格、质量和品种更优的产品。东盟贫困人口将获得更多的经济包容性，到 2030 年，电子钱包的普及率将是目前的 3 倍。

　　总之，在全球经济增长出现放缓的背景下，东盟却是一个拥有巨大的市场机遇的消费市场。在整个东盟地区，有利的人口结构、持续增加的收入、城市化发展迅猛与宏观经济增长的韧性和潜质、地缘政治变化下外商投资的增加，均推动着东盟保持着强劲的消费势头。根据经济学的指标，当恩格尔系数低于 50%、人均 GDP 高于 3000 美元时，人们对文化产品的消费将占总消费额的 30%，甚至更多。[③] 因此，从经济总量上来看，东盟国家消费市场容量大，文化进口需求旺盛，是中国文化输出的重要阵地。通过"一带一路"倡议的衔接和文化供给与需求的有效对接，形成以中国为中心，立足周边，辐射整个东盟地区文化市场，进一步消除文化隔阂，促使文化交流互鉴，促进政治互信，加强经济往来。中国在东盟国家的文化市场开拓的深度和广度潜力巨大，通过相互学习、相互借鉴、相互包容，吸取东盟各国文化优点，寻找文化贸易突破口，就能促进东盟各国文化进一步交融与发展。

---

　　① 任玉娜：《中国—东盟共建数字丝绸之路：现状、动力与挑战——基于数字经济的视角》，《全球化》2020 年第 3 期。

　　② 胡海清、许垒：《电子商务模式对消费者线上购买行为的影响研究》，《软科学》2011 年第 10 期。

　　③ 杜俊义：《中国—东盟对外文化贸易基地建设研究》，《广西大学学报（哲学社会科学版）》2014 年第 2 期。

第三节 多重战略机遇叠加

一、"一带一路"建设和"双循环"战略重塑中国与东盟关系发展新格局

面对全球百年未有之大变局，中国最高领导人创造性地提出"一带一路"倡议和"双循环"新发展格局战略。"一带一路"倡议是以运输通道为纽带，以互联互通为基础，以多元合作机制为特征，以打造"命运共同体"为目标的新型区域合作机制，旨在将中国、非洲和欧洲的 65 个国家连接起来，实现古代陆海贸易丝绸之路的现代复兴。[①]1991 年中国与东盟建立对话关系。30 年来，中国与东盟面向和平与繁荣的制度性合作升级，逆转了冷战期间中国与该地区的对抗、冲突，甚至是战争的局面，堪称奇迹。[②] 其中，亚洲金融危机创造性地推进了中国与东盟以及在东亚地区合作框架内的制度化合作。[③]"一带一路"倡议与《东盟互联互通总体规划 2025 进行对接》，标志着中国东盟关系已经进入东盟互联互通与"一带一路"互联互通的对接阶

---

① 罗翊烜、扈钟方：《贸易便利化与中国"一带一路"建设选择——基于沿线亚洲国家面板数据和引力模型的实证分析》，《商业经济研究》2017 年第 23 期。

② 翟崑、陈旖琦：《第三个奇迹：中国—东盟命运共同体建设进程及展望》，《云南师范大学学报（哲学社会科学版）》2020 年第 5 期。

③ 翟崑、陈旖琦：《第三个奇迹：中国—东盟命运共同体建设进程及展望》，《云南师范大学学报（哲学社会科学版）》2020 年第 5 期。

段。①"一带一路"倡议与东盟互联互通规划的对接，推动了中国—东盟合作制度化合作体系化，双方互联互通建设卓有成效，新冠肺炎疫情也没有完全阻碍"一带一路"倡议与《东盟互联互通总体规划2025》的对接合作，中老铁路、中泰铁路、雅万高铁等大项目都在稳步推进中。更重要的是，加强了中国东盟合作的韧性。"双循环"格局战略包含两层意义：一是在国内循环层面，中国要打造一个系统、完整的内需体系，从各个节点进行创新，大力发展数字经济，协调供需矛盾，维持供需平衡，改善分配格局，降低个人税负，探寻新的经济增长点，构建一个高标准的市场体系。在"国际循环"层面，中国要构建一个国际化的产业链、供应链，借"一带一路"构建一个合作创新的网络，推动关税水平稳定下降，以积极开放的姿态参与国际经贸规则的谈判与制定，进一步打开国门，推动改革开放向着更高、更深、更广的方向发展。构建新发展格局，是与时俱进提升中国经济发展水平的战略抉择，也是塑造中国国际经济合作和竞争新优势的战略抉择。全球化的历史表明，每次全球经济出现较大波动之后，就会有更多资源在全球范围内进行重组，这正是"好的国家和企业"加快发展的机遇。可以预计，在新冠肺炎疫情得到控制、全球发展进入"疫后时期"后，全球产业重组会比"正常"时期更为密集活跃，在全球市场上配置的资源更多。国内产业应该以更大力度畅通内外循环，在更多领域中集成全球资金、知识、技术、信息和人力资本，加快提升自身技术水平，提高国际竞争力。"双循环"战略，除了提升内需市场的稳健

---

① 谷合强：《"一带一路"与中国——东盟经贸关系的发展》，《东南亚研究》2018年第 1 期。

发展外,也注重国际贸易体系的良性互动。中国要实现内外循环相互促进,关键一点是经略好"一带一路",其中关键节点是经略好东盟。

因为"一带一路"进入促进双循环新发展格局的转型发展阶段,东南亚成为率先融合区。东盟或者部分东盟国家将会成为双循环的首选。中国国内区域发展纷纷聚焦东南亚,如粤港澳大湾区、西部陆海新通道与澜湄合作的对接以及亚蓉欧的海陆突破等。由于中国国内市场巨大,过去中国一直专注于国内的生产以及出口,把中国生产的产品出口到西方国家和一些亚洲市场。但现在中国把注意力更加专注到国内需求上来,扩大内需,中国的"双循环"和东盟是可以互补互利、实现双赢的。双方均为各国产品的进出口找到更多的出路和商机,同时能够共建更强的全球供应链,帮助企业发展。未来几年的后疫情时代,在"双循环"带动下的中国强劲的内需市场,将造福东盟国家的贸易出口,同时"一带一路"也将展翅高飞,为沿线各国带来更多生机勃勃的发展机会。

二、中国文化"走出去"战略形成中国与东盟文化贸易发展的重要支撑

文化是一个民族、一个国家发展演化的生命基因,是其独特存在方式与价值认同的集中体现,也是国际竞争、国家交往、民心相通的重要依托载体。[1]进入 21 世纪,为顺应经济全球化发展趋势,服务于

① 焦鹏帅等:《内涵·困境·路径——中国文化"走出去"再思考》,《山东外语教学》2017 年第 3 期。

国家整体战略利益，推动中国迈向全球强国，中国明确提出实施文化"走出去"战略。2002年，党的十六大报告中明确提出要实施文化"走出去"战略。2005年，胡锦涛在党的十六届五中全会再次强调"要加快实施文化产品'走出去'战略"。《文化建设"十一五"规划》提出要实施中华文化"走出去"战略，扩大中华文化的影响力。至此，中国文化"走出去"战略被正式提出。进入新时代，在相关会议中，习近平将文化建设摆在全局工作的重要位置。党中央将文化"走出去"提升到国家顶层战略层面，围绕新时代文化"走出去"工作的目标、理念和方法，成为指导新时代文化"走出去"的理论创新和行动指南。[①]中国文化"走出去"进入快速发展时期，折射出文化"走出去"战略在中国总体战略层面的地位提升。党中央和国务院先后印发《关于加快发展对外文化贸易的意见》《关于进一步加强和改进中华文化走出去工作的指导意见》《关于加强"一带一路"软力量建设的指导意见》等文件，统筹对外文化交流、文化传播和文化贸易，努力讲好中国故事，传播好中国声音，推进文化"走出去"的力度空前加大。

当前，中国文化"走出去"战略理念层面，实践主体正从文化自觉向文化自信、文化自强转型；[②]实践层面，文化传播主体变得更加多元化，不仅勾勒出中国文化走出去的轨迹，而且还展现中国文化产业以及对外文化贸易发展历程。从产品数量以及布局看，中国对外文化贸易规模持续扩大，体量不断增长，中国对外文化贸易结构将持续

---

　　① 李松涛、李玉敏：《中国共产党宣传思想工作理论创新研究——以改革开放以来中国共产党的历次全国宣传思想工作会议为视角》，《河南理工大学学报（社会科学版）》2020年第3期。

　　② 慕玲：《中国文化走出去战略布局的五个维度》，《中国出版》2018年第11期。

优化，中国文化服务的比重也在持续上升，文化服务的四种模式——境外消费、跨境支付、商业存在和自然人流动均有不同程度发展。文化制造业比较优势凸显，产业融合、文化与科技融合促进了新兴文化行业的快速发展。东盟处于"一带一路"陆海交汇地带，是"一带一路"建设优先方向，又是"双循环"率先融合区，而且还是受中华文化影响最深的地区。因此，发展中国与东盟文化贸易，应充分利用其"天时""地利""人和"优势，以中国文化"走出去"战略部署为指引，积极把握中国与东盟关系处于历史最好时期的机遇，营造推动文化贸易高质量发展的良好环境，提升中国与东盟在物理空间上的公路、铁路、水路、空路互联互通水平，加快中国与东盟文化产业合作与贸易在人流、物流、资金流、信息流"四流"方面的融合，依托国际陆海新通道高水平建设高质量发展，为中国与东盟文化贸易畅通提供支撑。在"引进来"方面，探索发展开放型国家文创实验区建设，支持入驻企业推进中国文化产业链提升，参与全球文化产业链的研发和创新，实现国际合作和推进中国与东盟文化产业向更高端价值链升级良性互动，推进中国与东盟文化贸易高质量发展。依托中国—东盟博览会、中国—东盟商务投资峰会等拓宽与东盟国家的合作。① 加强对中资企业在境外经贸合作区中资文化企业的投资保障。通过中央和地方政府的政策支持，利用大体量和要素聚集多、对当地经济影响大的优势，从政府管理、税收、安保等方面为入区企业营造一个全面的保障生态。加强承办国际旅游会展活动。以旅游合作为引领加强人文

---

① 吕余生：《深化中国—东盟合作，共同建设 21 世纪海上丝绸之路》，《学术论坛》2013 年第 12 期。

交流，为"一带一路"区域产业链供应链构建文化桥梁。

三、自由贸易试验区激发中国东盟文化贸易发展新动能

2008 年国际金融危机爆发后，国际贸易和投资规则加速重构，包括投资自由化、服务贸易开放等关键内容的国际经济新秩序加速形成，对经济全球化产生深刻而重大影响。中国以负责任大国的形象，积极参与全球经济体系改革和全球自由贸易新规则的制定。2013 年 11 月，中共中央十八届三中全会作出"在推进现有的试点基础上，选择若干具备条件的地方发展自由贸易园（港）区"的决策，这是党中央以开放促改革，挖掘改革红利的重大举措。2013 年 9 月，中国（上海）自由贸易试验区成立，这是中国政府在新时代下推进改革开放的重大举措，对加快政府职能转变、积极探索管理模式创新、促进贸易和投资便利化，为全面深化改革和扩大开放探索新途径、积累新经验，具有重要意义。① 在实施中国（上海）自贸试验区战略后，2014 年国家继之规划完成天津、福建、广东自贸（园）区建设的战略布局，并积极推进"亚太自贸区"与"一带一路"建设。党的十九大报告提出，推动形成全面开放新格局，赋予自由贸易试验区更大的改革自主权，探索建设自由贸易港。自 2013 年上海自贸试验区设立以来，我国已先后设立了 6 批共 21 家自贸试验区，形成同时覆盖沿海、沿边

---

① 朱应平：《中国（上海）自由贸易试验区改革开放的法治路径研究》，《山东科技大学学报（社会科学版）》2015 年第 2 期。

和内陆，以及东部、中部和西部的全域发展格局。

自贸试验区是在全球经济格局深度调整和国际经贸规则深刻变化的背景下设立的，其建立之初就肩负着为深化对外开放开展先行先试、为对接高标准经贸规则进行压力测试的历史使命，具有新时期开放试验田的性质。例如，上海自由贸易试验区对外资进入采取负面清单的管理模式后，会促使更多的文化业外资不断流入上海，对其本地的"海派文化"发展造成影响。同时，外资带来的不仅仅是更多的运营资金，同时还伴随着国外文化的流入，其中不乏走在时代前端的创新文化，而"海派文化"有着趋时求新、多元包容的特点，这为国外文化在上海的成长创造了有利条件，势必会使"海派文化"融入更多的国外文化元素，从而使上海文化产业国际化程度进一步加强。另外，上海作为建设中的全球金融和贸易中心，作为联合国教科文组织评定的全球创意城市，在全球产业链重构和转型升级的背景下，大量吸引全球优秀人才到为实体经济服务的文化创意设计等服务出口领域，其中包括工业设计、建筑设计、平面设计、时尚设计等。同时，上海作为重要港口和金融中心，承担着连接海外与内地的文化产业联动发展的重要任务。与其他内地城市相比，上海具有更好的工业，拥有更多的对外贸易优势和政策优势，文化产业集聚水平高，经济水平较高，有广阔的文化产业市场。上海文化贸易的主体将会更加多元化，不同所有制的企业出现在上海文化贸易中，民营文化企业不仅为上海文化贸易的发展注入新的活力，而且在其中扮演着越来越重要的角色。[①]

---

① 朱晓辉、张佑林：《自贸区框架下上海文化贸易发展所面临的问题和对策研究》，《浙江理工大学学报》2015 年第 4 期。

2013 年，为加快推进天津文化与金融融合发展，破解文化企业融资难题，天津出台了《关于促进我市文化与金融融合发展的实施意见》，围绕构建多层次金融产品体系、多元化金融机构体系、专业化资本及要素市场体系、综合性配套服务环境体系、组织保障体系等 5 个方面，推出 16 项具体措施，促进文化产业与金融实现深度融合，如专利权、商标权可作质押贷款，设立文化产业支行等专项服务机构，建立金融机构与文化企业对接平台，推动天津重点文化企业上市进程等。过去几年，天津自贸试验区坚持以制度创新为核心，以可复制可推广为基本要求，对照国际一流标准，着力打造国际化、市场化、法治化、便利化营商环境，促使泛文化产业加速发展，成为促进天津市经济高质量发展的重要助推器。

作为大陆与台湾地理距离最近的省份，福建自贸试验区以立足于对接台湾为特色发展方向，大力发展闽台贸易，推进两岸贸易往来。[①]同时，厦门、平潭和福州在经贸、文化、教育等方面对台交流合作发展迅猛，有利于继续促进两岸区域经济合作和城市交流朝着更深层次发展。[②]福建自贸试验区成立后，福建省政府高度重视文化产业发展，为此采取了一系列措施鼓励和支持文化产品及服务出口。2014 年，福建出台文化贸易相关政策：例如，2014 年，福建以签订《进一步加快推进海峡西岸经济区文化发展合作协议》为契机，在文化项目和文化活动平台建设、对台对外文化交流与文化贸易、艺术作品创作、文化遗

---

① 史轩亚、陈丽霞、朱斌：《福州市自贸区发展方向选择研究》，《海峡科学》2015 年第 5 期。

② 史轩亚、陈丽霞、朱斌：《福州市自贸区发展方向选择研究》，《海峡科学》2015 年第 5 期。

产保护、文化产业发展、文化艺术人才培养等方面取得新突破新成效，深化对台港澳地区的文化交流，打造两岸文化交流重要基地。过去几年，福建省文化产业聚集发展态势逐步显现，对文化产业发展的示范和带动效应也在不断扩大。[①]福建省文化产业发展较快，对经济社会建设发挥着越来越明显的促进作用，在数字动漫、数字电视、数字出版、网络广播影视等方面新兴文化业态呈现出快速发展的态势。

总之，上海、天津、福建等省市自贸试验区促进了文化资源优化配置、文化产业升级，为文化服务扩大开放注入了新的活力，为中国对外文化贸易的提升提供了崭新的平台。加快了文化贸易新型业态的发展，培育了一批具有国际竞争力的外向型文化企业，加快了文化企业的集聚。

四、打造中国与东盟更高水平的战略伙伴关系，锚定双边文化贸易发展新方向

中国实现民族伟大复兴的大战略就是要实现"两个一百年"奋斗目标：一是到 2020 年中国共产党成立一百年时全面建成小康社会，二是到 2049 年新中国成立一百年时达到中等发达国家水平。中国要实现中华民族伟大复兴，与过往西方大国依靠称霸崛起的道路不一样，中国坚持走和平发展道路。因此，与邻国积极互动，构建合作和谐的双边关系，营造和平安宁的区域环境是关键。中国与东南亚陆海

---

① 张燕清、龚高健：《福建文化产业发展现状、趋势及对策》，《福州党校学报》2012 年第 2 期。

相连，地理相近。中国与东盟关系涉及中国与东盟整体的关系，中国与东盟次区域合作，中国与东盟十个成员国的关系。① 冷战结束后，中国与东盟关系迅速发展。进入 21 世纪以来，中国是首个同东盟建立战略伙伴关系的国家。② 自此以后，中国与东盟关系进入互利共赢的黄金发展时期。随着"一带一路"倡议的提出及中国—东盟自贸协定"升级版"的实施，中国视东盟为周边外交优先发展方向和高质量共建"一带一路"重点地区。虽然近年来存在着部分东盟国家与中国南海岛屿争端问题，以及美国等域外大国对该区域事务强势介入与密切干预，一定程度上对中国与东盟亲密关系产生了干扰和阻挠。新冠肺炎疫情发生以来，中国东盟战略伙伴关系展示出了巨大的韧性和强大的活力。主要体现在：一是加强协作，共同抗击疫情。中国武汉疫情发生期间，东盟国家出手相助；中国疫情取得阶段性斗争胜利后，中国又大力驰援东盟国家。疫苗合作是抗疫合作的重要内容。中国承诺疫苗上市时将优先考虑向东盟十国提供疫苗，建立"中国—东盟疫苗之友"，加强信息分享和疫苗生产、研发、使用合作，培养更多的卫生行政人员和专业技术人员，共同建设应急医疗物资储备库。中国疫苗安全可靠得到东盟国家认可。二是数字经济合作成为双方经贸合作新引擎。中国与东盟开启数字经济合作元年，双方加强数字经济领域合作，分享数字化防疫抗疫、数字基础设施建设和数字化转型等方面的经验。在数字经济驱动赋能的大背景下，中国与东盟贸易实现逆

---

① 张蕴岭：《中国—东盟战略伙伴关系：回顾与前瞻》，《东南亚纵横》2013 年第 9 期。

② 马嫚：《推进中国—东盟战略伙伴关系的新动力》，《东南亚纵横》2009 年第 11 期。

势增长。2020 年 1 月至 10 月，中国—东盟贸易额逆势增长 7%，东盟历史性地成为中国第一大贸易伙伴。与此同时，随着中国国内粤港澳大湾区建设、西部陆海新通道与澜湄合作的对接以及亚蓉欧的海陆突破，东盟成为"一带一路"双循环首选融合区。三是 RCEP 加快双方区域经济融合迈向新台阶。RCEP 的成功签署，将成为未来中国—东盟自由贸易区升级和构建经济命运共同体的加速器。

2021 年是打造更高水平的中国—东盟战略伙伴关系的开局之年，是双方推进建设更为紧密的命运共同体，造福地区国家和人民的重大战略，中国与东盟打造更高水平的中国—东盟战略伙伴关系既是对中国—东盟关系发展定位的新提升和新要求，也是对推动中国东盟文化贸易高质量发展、丰富中国东盟战略伙伴关系内涵的再次"加持"。推进中国与东盟文化贸易高质量发展是推进中国与东盟战略伙伴关系的重要内容，既是其直接推动因素，又是其具体展现，应充分利用中国与东盟文化相通、经济互补的优势，结合中国与东盟文化贸易发展现实及其特点，创新促进双方文化贸易发展机制，加强双方在互联互通、相关文化产业、人文等领域合作机制建设，加快双方文化要素的自由流动，提高资源配置效率，共同打造重点文化产业与文化贸易合作平台，促进双方文化贸易结构优化，充分把握中国与东盟共建更高水平战略伙伴关系这一重大历史契机。

五、"中国东盟命运共同体"勾勒中国东盟文化贸易高质量发展新蓝图

2013 年 10 月，习近平主席在印尼国会的演讲中首次提出"中国

东盟命运共同体"的倡议，并强调要坚持讲信修睦、合作共赢、守望相助、心心相印、开放包容，使双方成为兴衰相伴、安危与共、同舟共济的好邻居、好朋友、好伙伴。2020年11月，习近平主席在第十七届中国—东盟博览会和中国—东盟商务与投资峰会开幕式上指出，"中方愿同东盟一道，在《中国—东盟战略伙伴关系2030年愿景》指导下，推进各领域合作，维护本地区繁荣发展良好势头，建设更为紧密的中国—东盟命运共同体。"习近平主席高度评价中国—东盟关系具有的典范意义，明确提出建设更为紧密的中国—东盟命运共同体的四点倡议。作为中国与东盟合作的最新发展阶段，中国—东盟命运共同体建设比较成功。主要体现在：合作层面，中国与东盟已形成硬联通、软联通、人员的连接，通过基础设施建设，推进双方全方位的互联互通。次地区层面，通过澜湄命运共同体，加强中国与中南半岛各国制度性合作。中国—东盟海上互联互通建设、泛北部湾经济合作、中国与东盟东部经济增长区的合作、中国—东盟蓝色伙伴关系等中国与海上东盟国家的合作也在持续推进。双边层面，中国已经达成中国—老挝命运共同体、中国—柬埔寨命运共同体、中国—缅甸命运共同体的政府间协定。可以认为，中国—东盟命运共同体建设是中国与东盟在政策沟通、设施联通、贸易畅通、资金融通、民心相通"五通"方面形成了制度化合作。这种制度化合作，在一定程度上推进了双方人文交往，夯实了双方人文基础，巩固了双方文化交流与贸易的韧性，为促进双方文化贸易高质量发展提供了更坚实和更广阔的平台。未来应共同挖掘双方历史文化传统资源潜力。例如，在构建中国—东盟命运共同体中，注入双方都拥有的相似的"和谐"文化基因。中国自古讲求和而不同、敦亲睦邻，中华文化追求仁爱尚德、谦恭自省、敏而好学、止于至善。东南亚国家则秉承谦逊、耐心、求同存异、殊途同归的理念，始终以"东盟方式"推动地区的联合。促进中国东盟文化贸易高质量发展，充分把握中国东盟命运共同体产生的制度化合作福利，将其加快转化为发展优势，推动双方文化相关产业深度合作，加强双方文化产业与数字科技的深度融合，加快双方文化的融合与发展，推动双方文化贸易高水平双向开放和高质量发展。

第四节　国际环境的利好因素

一、后疫情时代服务贸易加速发展

服务贸易指的是生产者和消费者之间销售和交付一种无形的产品。从法律上说，生产者与消费者之间发生的，服务于不同国家的服务贸易被称为国际服务贸易。1991 年，世界贸易组织的前身关税及贸易总协定（GATT）秘书处编写了一份有关服务部门分类的说明，它被称作"GNS/W/120 服务部门分类"目录。该目录将服务贸易分为 12 大类，包括（1）商业服务；（2）通信服务；（3）建筑及相关的工程服务；（4）分销服务；（5）教育服务；（6）环境服务；（7）金融服务；（8）保健和社会服务；（9）旅游和与旅行有关的服务；（10）娱乐、文化和体育服务；（11）运输服务；（12）别处未包括的其他服务。根据世界贸易组织的定义，当前国际服务贸易有四种方式：1. 跨境交付：跨境支付是指供应商对不同的国家和地区，以提供服务的方式进行贸易，但其中并不涉及人员、资本以及货物的流通。典型的代表有国际金融、国际保险等服务。2. 境外消费：境外消费是指非本国的消费者，到本国来进行服务消费，其中服务者需要提供涉外服务方式，且消费者需跨境流动，比如旅游业。3. 商业存在：商业存在是指本国居民在非本国的国家和地区进行消费，享受别国为消费者所带来的服务，但其中往往包含着外商需要在本国设立长期经营机构，如跨国公司。4. 自然人流动：自然人流动这一概念，是指非本国机构或境外其他地区的服务提供者，为本国居民提供服务，这存在跨时间和跨地区的方式，但是时间较短，比如文化娱乐等。

国际服务贸易有利于推动各国的经济发展，优化市场要素配置，增加就业岗位，增加企业竞争优势，并有助于提升经济的包容性增长。从 2005 年开始，全球服务贸易年平均增长率开始超过货物贸易，以 10% 的增长速度，在很多发展中国家占据非常重要的位置。因此，各国充分认识到，服务贸易是促进世界经济增长的新引擎，全球经济服务化成为发展潮流，服务贸易成为一国实现外贸高质量发展，形成高水平开放的重要支撑。因此，各国高度重视发展服务贸易，通过积极采取各种措施，不断促进服务贸易规模扩大、服务竞争力提升。据 2019 年世界贸易组织发布的《2019 年全球贸易报告》称，服务贸易占全球贸易的比重已经从 1970 年的 7% 提升到了 2019 年的 24%，服务贸易增加值占 GDP 的比重也由 4% 提高到 14%。服务贸易成为全球贸易中最具活力的贸易形式，并将在 2020 年至 2045 年间发挥越来越明显的作用。随着新一代技术革命的快速发展，全球贸易方式发生了深刻改变，数字贸易、服务贸易、产业内贸易发展加快，传统货物贸易向数字贸易、服务贸易转型；产业价值链更依赖研发和创新，无形资产投入增加，将重塑全球价值链体系。按附加值计算，服务贸易附加值在全球贸易附加值中所占的比重已超过50%。文化服务属于服务贸易，无形的服务促进文化产品的生产与分配。文化服务从广义上讲，包括授权活动、其他与版权相关服务、音像产品销售活动、艺术和文艺演出及文化信息服务等；从狭义上讲，在联合国教科文组织颁布的文化统计框架中，按照2010版《国际服务贸易统计手册》对文化服务贸易进行的定义与划分，文化服务贸易主要涵盖版权与许可服务、计算机与信息服务、广告市场调研及民意调查服务、研究与开发服务、建筑工程及其他技术服务、个人文化和娱乐服务六大类。

疫情发生后对文化贸易和投资造成一定冲击。但与此同时，云计算、大数据、人工智能等数字技术对服务领域的渗透，使服务的可贸易性大大提升，因此，对于国际贸易重要内容的文化贸易来说，未来将迎来不断发展和提升的机遇，这也成为中国与东盟文化贸易高质量发展的时代背景。

二、数字技术与文化贸易融合助推中国与东盟文化贸易高质量发展

历次工业革命均对人类经济社会发展产生了深刻影响。但与前三次工业革命不同的是，第四次工业革命的核心变革是物理技术和数字技术的深度融合，集中表现为多个领域的先进技术的集体爆发。例如，新材料技术、新能源技术、数字化技术、人工智能技术、机器学习技术、生物工程技术、3D打印技术等，都取得了前所未有的重大突破。这些划时代的技术进步，不仅促进已有产业的迅猛发展和升

级，培育出了众多的全新产业，而且广泛应用于其他相关产业领域，极大地推动了全社会的发展。例如，新型材料技术的突破，带动了包括化工、机械、电子、航空、医疗、能源、建筑等在内的大批产业的发展；大数据应用技术的突破，带来了包括制造、零售、金融、教育等几乎所有产业在内的历史性变革等。数字技术变革性的突破和广泛普及，促成了全球贸易加速迈向数字化转型的发展阶段。数字技术应用推广促进了跨境交易数据的流动，降低了信息搜寻成本，不仅改变了货物贸易形式，也改变了服务交易的模式和内容。依靠数字技术和互联网传输的数字服务贸易蓬勃发展，数字贸易已经成为促进全球贸易增长的新动力源。全球数字贸易更是呈现出爆发式增长态势。

在数字经济时代，文化贸易向着数字贸易的方向发展，文化贸易的数字化特征反映在：一是传统贸易方式升级为跨境电子商务，二是传统的文化内容，如音乐、演出、影视、图书等经数字化编码后以数字或网络方式传输，以及数字技术与文化产业融合创新出通过线上提供的短视频、游戏、旅游、展览、娱乐、社交媒体等数字文化服务。数字经济时代，数字贸易在国际贸易中的份额逐渐增强，全球价值链产业链发生深刻变革。数字技术重构了文化产业链，助推了全球价值链的转型升级；数字化增加了文化贸易的品类和数量，简化了交易流程，降低了交易成本；数字化降低了信息不对称程度和文化产业进入门槛。

数字技术改变了传统的国际贸易流通环节，上下游企业的数据共享降低了流通成本；电子商务改变了传统的消费习惯，成为主要的消费方式；数字化和人工智能改变了传统的就业模式，麦肯锡咨询公司估计，到2030年全球将有8亿个工作岗位被机器人取代。

中国与东盟文化贸易高质量发展离不开科技与创新，促进数字技术与文化贸易的进一步融合对推动中国与东盟文化贸易高质量发展具有重要作用。当前中国与东盟文化贸易结构进一步优化升级，可以提升先进技术信息和数字化水平，进一步拓宽先进数字技术与中国文化贸易的渠道，可以借助线上和线下相融合，进一步拓展中国与东盟文化贸易平台和双方文化交流互鉴的渠道。借助科技、互联网、文化商品、文化服务等多种要素的深度融合，推动中国与东盟文化交融发展，促进双边文化商品和服务贸易实现高质量发展。

第五章　中国与东盟文化贸易高质量发展的主要内容

第一节　中国与东盟文化贸易高质量发展的基本内涵

党的十八大以来，中国提出积极转变外贸发展方式，这是中国加快转变经济发展模式的现实需要，是中国主动应对全球经贸格局变革的题中之义，也是中国推进贸易强国建设的战略举措。实现中国与东盟文化贸易高质量发展，强调的是追求高效和高收益的集约型增长。在全球秩序处于百年未有之大变局的背景下，中国与东盟文化贸易高质量发展的内涵是丰富而多元的。2015 年 10 月，在党的十八届五中全会上，提出高质量发展是创新、协调、绿色、开放、共享的发展。2018 年 1 月，在达沃斯论坛上，中共中央政治局委员、中央财经领导小组办公室主任刘鹤在演讲中提道："高质量发展的主要内涵就是从总量扩张向结构优化转变，就是从'有没有'向'好不好'转变。"[1]

---

[1] 魏飑、欧阳青燕：《民营企业高质量发展路径探析》，《中国标准化》2019 年第 21 期。

高质量发展构成了新阶段中国发展的重要导向，同时也从多方位的角度决定中国与东盟文化贸易高质量发展的基本内涵和发展思路。

第一，具有更加合理的贸易结构。合理的贸易结构是中国与东盟文化贸易高质量发展的最基本立足点。优质合理的中国与东盟文化贸易的发展结构主要体现在三个方面：一是贸易方式优化。目前中国与东盟文化贸易在双边市场的发展贸易规模偏小，贸易模式仍以产业间贸易为主。[①] 中国与东盟文化服务贸易与文化产品贸易发展不平衡，文化产品贸易比重明显高于文化服务贸易。[②] 中国与东盟文化服务贸易比重比世界平均水平稍高。双方文化产品贸易占双边文化贸易比重也是比世界平均水平稍高。[③] 因此，实现中国与东盟文化贸易高质量发展，需要推动双边文化产品贸易与服务贸易协调均衡发展。二是双边文化贸易商品结构更加均衡。实现中国与东盟文化贸易高质量发展，需要推进双边文化产品以高附加值、高技术含量、高收益产品的进出口为贸易的主要增长点，实现商品质量提升，带动中国与东盟文化贸易收益提升和贸易条件持续改善。三是双方市场结构更加均衡。目前中国与东盟文化产品进出口主要集中在越南、泰国、印尼，这三个国家进出口比重均超过 70%，集中度过高，市场结构不合理，制约着中国与东盟文化贸易高质量发展，也不利于中国与东盟双边深度开放与融合的形成。因此，实现中国与东盟文化贸易高质量发展，应积极开

---

① 王洪涛、周莉：《中国与东盟文化贸易的竞争性与互补性研究》，《学术论坛》2015 年第 11 期。

② 汪浩帆、黄依薇：《"一带一路"背景下中国与东盟文化产品贸易关系分析》，《商品现代化》2019 年第 5 期。

③ 王洪涛、周莉：《中国与东盟文化贸易的竞争性与互补性研究》，《学术论坛》2015 年第 11 期。

拓东盟新兴市场，减轻对东盟传统市场的依赖度，寻求双边市场发展更加均衡。以协调为平衡发展的内在要求，对内将文化贸易纳入国家贸易的整体战略中，实现由文化产品出口的市场覆盖率转向东盟国家社会价值引导能力的提升。对外积极贯彻中国视东盟为周边外交优先方向和高质量共建"一带一路"重点地区的战略考量，以推进中国与东盟文化深度融合为突破，以中国东盟区域与次区域合作机制为依托，以推动中国与东盟文化创意产业为抓手，加快补齐中国与东盟交通互联互通基础设施短板，激发中国与东盟双方文化活力，构建面向东盟跨境文化产业链供应链价值链，构建中国与东盟文化贸易产业园。

第二，具备更加持续的发展动力。从发达经济体发展历程所揭示的发展阶段性规律来看，我国正在进入创新驱动发展阶段。创新驱动发展是高质量发展的首要内涵，不仅因为创新驱动发展的模式具有高附加值、高效率等"高质量"特征，而且还因为原来的要素驱动不能解决经济发展中的"生产要素报酬递减和稀缺资源瓶颈"这两个基本问题，科技创新是实现高质量发展的必要技术条件。从本质上讲，高质量发展本身就是一种生产要素投入少、资源配置高、资源环境成本低、经济社会效益好的可持续发展。实现中国与东盟文化贸易高质量发展，其基本内涵是要拥有持续不断的增长动力实现高效持续发展。[1] 面临新形势要求，中国经济高质量发展必须要转向经济增长要素以创新驱动的发展要求。[2] 这是中国经济发展新阶段必然要求，同

---

[1]　马林静：《外贸高质量发展：内涵、路径及对策》，《现代经济探讨》2020 年第7 期。

[2]　朱云平：《产业集群内企业科技创新的合作博弈分析》，《科技和产业》2014 年第2 期。

时也成为实现中国与东盟文化贸易高质量发展的主要内容，就是通过过去传统的贸易模式实现双方文化贸易高质量发展显然是行不通的，而是通过依靠技术、制度、组织和人力素质提升助推文化贸易规模和质量双提升，实现发展新旧动能的转变。新的驱动主要来自于全要素生产率和科技革新贡献率的提升，这种驱动是高效和可持续的。在全球经济长期处于低速增长态势，国际经贸活动受阻，加上第四次工业革命加快经济增长动能转换，大国围绕全球经济主导权竞争力加剧的背景下，实现中国与东盟文化贸易高质量发展需要有更加强劲的驱动力和发展韧性，以技术和制度创新为抓手，加快新旧动能转换，积极培育文化贸易新的增长引擎，增强抵御外部危机带来不利冲击的能力，形成高质量发展的持续动力。

创新驱动发展被认为是实现高质量发展的引擎。① 基于约瑟夫·熊彼特创新理论和创新系统论，从创新生产函数的角度，高质量打造创新基础不断完善、创新投入不断加强、创新产出价值不断提升的科技创新。其中，创新基础是前提，创新投入是关键，创新产出是目标。创新基础方面，发展中国与东盟文化贸易以中国自由贸易试验区、重大项目等方面为抓手，营造有利于从事文化产品出口，文化服务相关企业创新创业创造的良好发展环境，调动自贸试验区内创新主体的积极性、主动性、创造性。创新投入方面，发展中国与东盟文化贸易，更加注重优化人才、资本、土地、技术、管理等创新要素配置，激发文化贸易企业创新创业活力，推动新技术、

---

① 盛广耀：《黄河流域城市群高质量发展的基本逻辑与推进策略》，《中州学刊》2020 年第 7 期。

新产业、新业态蓬勃发展。创新产出方面，发展中国与东盟文化贸易，更加突出相关企业增强原始创新能力，围绕促进转方式调结构、培育战略性新兴产业、建设现代产业体系等方面的需求推动科技成果转移转化，推动产业和产品向价值链中高端跃升。其中，创新基础从中国与东盟文化贸易相关的创新载体和创新主体两个方面，来反映创新环境优良度和创新主体活跃度；创新投入反映文化贸易企业的研发活动经费和人力资本的投入强度；创新产出从专利、技术市场交易等方面，反映文化贸易相关企业的创新成果的自主能力和经济价值。

第三，以开放引领互利共赢。经济全球化使各国经济关系越来越密切，彼此的经贸融合深度发展，并且促进了全球市场不断扩大和国际分工更加深化，进而带来了国际经济繁荣、财富激增、民众生活的普遍改善。改革开放以来，中国不断加大对外开放步伐，拓展对外开放的深度和广度，通过积极推动贸易与投资自由化，深度融入经济全球化，成为经济全球化的受益者。同时，随着中国在经济实力崛起，在全球经济治理中的地位和话语权不断提升，中国也是经济全球化的贡献者。虽然近年来经济全球化进程面临保护主义抬头等问题和挑战，但是在推动经济全球化朝着正确方向发展过程中，中国力量尤为关键。通过共建"一带一路"，中国积极发展与各国尤其是发展中国家合作，以实际行动推动经济全球化更好发展。大多数东盟成员国的成功与长期采取出口导向型发展战略有关，除了印度尼西亚、缅甸和菲律宾之外，东盟国家的贸易开放度高，货物和服务的进出口总额超过了 GDP 的 100%。东盟国家通过实施积极的对外开放政策，大量引进外国投资和先进技术，推动自身的工业化建设，实现了经济上起飞，甚至个别东南亚国家已跨过"中等收入陷阱"，成功步入世界发达经济体行列。1997 年东南亚爆发金融危机后，东南亚开始认识到，加强地区经济合作具有现实意义。2003 年，东盟领导人决定到 2020年建立东盟经济共同体（AEC）。① 随后将成立东盟经济共同体的目标日期提前了五年。东盟经济共同体确定了四大目标：（1）培育单一市场和生产基地，实现货物、服务、投资和熟练劳动力的自由流动，并进一步提高东盟内资本流动的自由度 ② ；（2）发展高度竞争的经济区，培育公平竞争、消费者保护、知识产权和基础设施开发；（3）通过加强中小企业来实现经济的公平发展 ③ ；（4）更大程度地融入全球经济。④ 因此，东盟和中国一样，也是经济全球化的受益者和维护者。因此，中国和东盟对全球化、地区化的基本发展方向一致，政策一致。⑤ 自 1997 年底开始，双方就确定了以地区合作加强全球化风险应对的共同目标。中国和东盟已经将地区合作从建立拓展到发展层面。⑥《中国—东盟战略伙伴关系 2030 年愿景》指出要加强中国和东盟国家在双边、次区域和区域层面的合作，在相关次区域框架和合作机制中继续加强合作，从而支持缩小地区发展差距的努力。

双方深刻地意识到，推动双方贸易合作高质量发展离不开开放型

① 王勤：《东盟自由贸易区发展的现状与前景》，《南洋问题研究》2004 年第 3 期。
② 王勤：《东盟经济共同体建设的进程与成效》，《南洋问题研究》2015 年第 4 期。
③ 羊琳琳：《论中小企业税收优惠法律制度的正当性》，《法制与社会》2013 年第32 期。
④ 邹志强：《G20 视角下的沙特与全球经济治理》，《和平与发展》2012 年第 1 期。
⑤ 宋燕辉、鞠海龙：《南海问题分析与预测（2010—2011）》，《东南亚研究》2011年第 3 期。
⑥ 黄潇玉：《中日对东盟直接投资效率的比较研究》，广西大学硕士学位论文，2019 年。

的经济体制，双方贸易合作高质量发展需要在开放的条件和环境下才能实现。在文化贸易领域，应进一步推动双方的相关文化服务业提升双向开放水平，促进双边文化贸易快速发展，实现双边文化贸易更加均衡发展；在双方文化相关产业吸引投资领域，放宽降低外资市场准入标准，充分利用现代金融助推文化贸易发展；在文化贸易规则方面，通过更高水平开放合作倒逼双方的管理体制改革，提升双方文化贸易发展环境法治化、市场化、国际化。需要注意的是，中国与东盟文化贸易既有竞争的一面，也有互补的一面。[1] 因此，实现中国与东盟文化贸易高质量发展，一方面，中国需要主动向东盟国家开放国内市场，为更多的东盟国家提供市场和发展空间。在双方文化贸易活动中，双方主动开放市场，是真正推动文化贸易可持续发展的关键因素，双方文化贸易发展，可以促进文化生产要素在区域内内自由流动，进而促进双方文化贸易规模扩大和经济效益的提升。这样才能更好提升双方市场空间，以及应对贸易保护主义的不利因素。另一方面，中国与东盟可以共同提供更多的国际公共产品，推动全球文化贸易持续发展。中国和东盟应成为全球文化贸易制度的建设者和全球公共文化产品的提供者。因为提升全球文化贸易地位和全球文化贸易制定规则的话语权也是中国与东盟文化贸易高质量发展的重要内涵之一。双方应为全球文化贸易治理体系提供更多高质量公共文化产品，提升自身在国际文化贸易体系中的话语权和影响力，推动全球文化贸易规则和体系朝着有利于构建人类命运共同体的方向前进。

---

[1]　马勇:《云南与马来西亚经贸合作关系研究》,《云南社会科学》2002 年第 6 期。

因此，应紧跟"双循环"新发展战略，牢牢把握"东盟是中国共建'一带一路'的重点地区"的战略机遇，深化中国与东盟双向开放的网络布局，依托自贸试验区先行先试优势、产业功能区等高质量开放载体，积极对接东盟国家主要城市，融入"一带一路"建设，加快构建具有国际竞争力的开放型经济体系，深化与东盟在经贸往来、科技创新、文化交流等重点领域的全方位对接与合作，加快构建面向东盟的全方位、宽领域、高能级的对外开放格局，将中国与东盟人文交流合作机制打造成为具有显著特色的中国与东盟民心相通的典型。

第四，秉持包容性发展理念。中国与东盟文化贸易高质量发展，应秉持包容性的发展理念，一是强调共享发展。共享发展是实现中国与东盟文化贸易发展的根本诉求。[1] 坚持以满足中国与东盟国家人民日益增长的文化消费需求为根本落脚点，围绕稳增长促就业惠民生和提供优质文化产品两大目标，中国与东盟国家以目标协调、政策沟通为主，在追求决策中保持一定的弹性和灵活性，双方应共同协商制定文化贸易活动的规则和方案，倾听双方不同诉求，尊重各自国情和现实发展的差异，在文化贸易活动中注重成果共享价值理念。二是强调均衡发展。包容性发展最基本的含义是公平合理地分享经济增长的成果，主要体现在强调经济增长过程中应保持经济和社会的协调发展，提高经济增长创造就业的能力。中国与东盟可以加强在文化相关产业的合作。[2] 中方可以提供一定的资金、技术和人力，帮助部分东盟国

---

[1] 唐瑀晗：《基于文化视角下会展发展问题的研究》，《商场现代化》2012年第33期。

[2] 郑玲：《2011年中国—东盟关系：成效与挑战》，《东南亚纵横》2012年第5期。

家相关文化产业发展，促进双方在文化贸易方面的物理和数字连接，这是扩大双方文化贸易规模的基础。三是尊重文化认知差异，"求同存异"共同发展。[1] 东盟各国文化包括价值观、宗教观信仰差异明显，这些不同文化的明显差异可能导致中国与东盟文化贸易活动中存在利益协调的矛盾。因此，应在尊重文化差异的基础上，强调利益共创、发展成果共享。双方在文化贸易活动中应注重成果共享的价值理念。[2] 双方加强文化贸易活动相关法律协调工作，使双方国家的管理机构、企业、消费者和专业组织之间更密切、更协调，这是推动双边文化贸易合作健康向前发展的关键。四是强调提升智力支持。[3] 中国与东盟人文交流合作机制是双方文化贸易实现可持续发展的保障性机制。[4] 在巩固现有的人文交流合作机制基础上，应当拓宽双方人文交流的合作内容、创新合作机制，加大对文化贸易人才的培养力度。主要培养专业型、管理型和实务型人才。[5] 从专业型人才来看，随着双方文化贸易活动频繁和内容日益丰富，对相关人才质量的要求也随之提高。因此，在着眼现实的基础上，还应立足长远，深入挖掘和培养

---

[1] 王志平：《上海合作组织防务安全合作发展的文化认知——以我国西北边疆安全为牵引的思考》，《西北民族论丛》2016 年第 2 期。

[2] 蔡鹏鸿：《美印"2+2"对话和安全合作对印太安全的影响和挑战》，《当代世界》2018 年第 11 期。

[3] 罗伯特·L.夏洛克、王勉、许家成、徐添喜：《生活质量的跨文化属性研究》，《残疾人研究》2017 年第 2 期。

[4] 张斌、张莉、胡云莉：《进一步促进中国—东盟人文交流路径研究》，《东南亚纵横》2018 年第 6 期。

[5] 吴广海：《知识产权人才需求导向下高校实践教学的优化问题》，《中国科技信息》2013 年第 7 期。

有志于双边文化贸易基础性研究的学术型人才。① 此外，应该培养高素质一线管理人才，让他们留得住，更好地服务于中国与东盟文化贸易相关企业。在实务性人才方面，中国与东盟国家的高等院校可以结合各自贸易特点，开设相关课程。组织文化贸易相关企业提供相关领域培训服务，更好地为从事文化贸易活动的企业服务。

第二节　中国与东盟文化贸易实现高质量发展的支撑要素

中国与东盟文化贸易实现高质量发展的基本支撑要素分为国家层面和项目层面。国家层面的基本要素指的是政策沟通、设施联通、贸易畅通、资金融通、民心相通，涵盖了中国与东盟双边文化贸易合作领域。还包括中国与东盟文化贸易合作的社会贡献、经济贡献、机制化。在"一带一路"倡议实施推动下，需要有更多的文化贸易企业参与，通过不同文化贸易项目，从而深化中国与东盟文化贸易合作和促进中国对东盟文化贸易发展。项目层面的基本要素有债务与融资、商业效益、绿色发展、包容性发展、第三方市场合作、科技创新、商事仲裁、风险防范。②

---

① 吴广海：《知识产权人才需求导向下高校实践教学的优化问题》，《中国科技信息》2013 年第 7 期。

② 陶平生：《全球治理视角下共建"一带一路"国际规则的遵循、完善和创新》，《管理世界》2020 年第 5 期。

一、国家层面

（一）政策沟通

政策沟通是中国与东盟文化贸易高质量发展的重要保障，是双方深化中国与东盟文化贸易合作的重要先导。政策沟通主要指相关国家和地区通过领导人、部门、地方等各层次政策对话，完善双多边政策协调和沟通机制。政策沟通是"五通"之首，是开展各方面务实合作的基础与保障。[1] 加强政策沟通就是要完善顶层设计，提供政策支持和保障。[2] 政策沟通主要涉及高质量发展的战略对接、高质量合作效果和双边关系基础。这里的高质量发展战略对接，指的是中国与东盟国家政府与贸易部门围绕文化贸易进行发展战略对接、中国与东盟国家地方政府围绕文化贸易的发展机制对接，以及中国与东盟高层签署的文化交往与文化贸易的合作协议。

（二）设施联通

设施联通是中国与东盟文化贸易高质量发展的基础。[3] 加快设施联通建设是其关键领域和核心内容。[4] 设施联通主要指的是硬件联通、

---

[1]　刘铭赜：《拉美国家融入"一带一路"的必要性、可行性与路径选择》，《西南科技大学学报（哲学社会科学版）》2018年第1期。

[2]　索泽元：《平安财险公司"扶贫保"模式研究》，郑州大学硕士学位论文，2019年。

[3]　龚李雪：《探析"一带一路"背景下双多边机制对中国—东盟经济发展的影响》，《法制与经济》2017年第10期。

[4]　徐俊、李金叶：《东道国交通基础设施质量对双边贸易合作的影响——基于"一带一路"沿线国家的实证分析》，《国际商务研究》2020年第5期。

软件联通和"新基建"设施三个维度。[1] 硬件联通包括中国与东盟交通设施共建项目、通信设施共建项目、新建国际（区域）基础设施数量、新建国际（区域）基础设施环评情况。软件联通包括制度对接协议数、高质量建设规划对接、绿色技术交流与转让数、基础设施运营管理效果和廉洁合规管理体系。文化基础设施以涉及文化贸易合作项目数、文化贸易合作金额数、文化贸易合作建设规划来衡量。

（三）贸易畅通

现代民族国家的核心愿望之一是发展繁荣。当今世界，国际贸易是绝大多数国家全球贸易伙伴关系中重要组成部分。习近平总书记指出："贸易是经济增长的重要引擎。"[2] 贸易畅通是中国与东盟文化贸易高质量发展的主要内容，重点是促进双方文化贸易投资便利化，进一步推动中国与东盟文化贸易合作的广度和深度。贸易畅通包括高水平贸易、高水平投资、园区合作。[3] 高水平贸易中，包含贸易自由化水平、双边贸易额、双边贸易额增长率、新增外贸平台和外贸功能机构和数字文化贸易经济等高新企业贸易额占贸易总额比。高水平投资包括投资便利化安排、双边投资额、双边投资额增长率、联合投资占比和数字文化贸易经济等高新企业投资总额占比。园区合作包括共建

---

① 尹响、易鑫孟：《中印缅经济走廊陆海交通基础设施联通研究》，《南亚研究季刊》2018 年第 4 期。

② 中国国家商务部综合司：《贸易畅通："一带一路"建设的重点内容》，2017 年 5 月 31 日，见 http://www.qstheory.cn/dukan/qs/2017-05/31/c_1121047809.htm?url_type=39&object_type=webpage&pos=1&ivk_sa=1024320u。

③ 王悦、任海：《提高财税支持力度，推动我国自贸区发展》，《湖南税务高等专科学校学报》2019 年第 2 期。

园区数、园区内高新科技企业占比和数字文化经济企业提供的就业岗位数三个指标。

（四）资金融通

资金融通是实现中国与东盟文化贸易高质量发展的重要支撑。国际多边金融机构以及各类商业银行不断探索创新投融资模式，积极拓宽多样化融资渠道，为推动双方文化贸易高质量发展提供稳定、透明、高质量的资金支持。[1] 资金融通部分包括货币合作、金融机构合作、金融市场合作。[2] 货币合作下，包含货币兑换便利、双边本币互换规模占比、双边外汇交易规模占比和数字货币发展。金融机构合作中包含战略合作协议数、互设海外机构数、互为代理行数量。金融市场合作包括市场准入便利、交易场所联通和监管机构合作。

（五）民心相通

民心相通是实现双方文化贸易高质量发展的人文基础。中国和东盟各国开展了形式多样、领域广泛的公共外交和文化交流，增进了相互理解和认同，为双方文化贸易发展奠定了坚实的民意基础。民心相通部分包括人文交流、民生项目和民间友好度。人文交流下包含文化交流活动频度、教育培训合作、科研合作、旅游合作。民生项目用救灾项目/资金投入、扶贫项目/资金投入和卫生健康合作项目/资金投入表示。民间友好度由主流媒体涉对方国家报道倾向、社交媒体涉

---

① 梁昊光：《携手打造全球互联互通伙伴关系》，《红旗文稿》2019年第15期。
② 马广奇、黄伟丽：《"互联网+"背景下丝绸之路经济带金融合作：基础、障碍与对策》，《云南财经大学学报》2018年第9期。

对方国家报道倾向和智库涉华 /"一带一路"民调衡量。

（六）经济贡献度

文化贸易对推动国家与国家之间的文化交流与融通，推动人类文明发展意义重大。实现中国与东盟文化贸易高质量发展，经济贡献度可以分为对国内经济贡献度和对区域经济贡献度。对国内经济贡献度，主要指的是对中国中西部地区经济发展的贡献。对区域经济贡献度，主要指的是中国与东盟区域合作开放程度提升，将推动更加开放、包容、共享的区域一体化。这对中国与东盟区域经济增长，促进地区持久和平与繁荣奠定坚实的经济基础。

（七）社会贡献度

中国与东盟文化贸易高质量发展成为构建中国与东盟命运共同体、开创人类新文明的有效、可行的路径。中国与东盟文化贸易高质量发展将通过共同发展、共享发展，让中国与东盟国家的普通民众有更多、更广的参与感、获得感和幸福感。双方文化贸易强调共同发展、共享发展，目的就是希望中国与东盟相关国家在各个层面和领域的"互联互通"、文明融合，消除由于发展水平不同、意识形态各异、文明文化差异、国家实力不同，而产生的不平等、不公正、不公平现象，为稳步建设中国与东盟命运共同体提供有效的路径和抓手。

（八）机制建设

纵观历史，加强机制建设是重大合作倡议行稳致远的强大保障。一些关系全球治理变革和世界政治经济格局调整的重大合作倡议，在进展到一定阶段后，往往需要加强机制建设，推动组织机构实体化、政策磋商常态化、项目建设规范化，有效降低制度性交易成本，稳定各方预期，从而确保合作倡议持久深入推进。中国与东盟文化贸易，取得不俗成绩的同时，也面临一些挑战和问题。解决这些难题需要加强机制建设，要秉持开放性、渐进性理念和正确义利观，紧紧围绕双方文化贸易合作重点领域，完善项目发展机制、健全融资保障机制、构建贸易畅通机制、强化安全保障机制，为双方文化贸易高质量发展提供坚实支撑。

二、项目层面

对中国与东盟文化高质量发展需要从项目层面进行全面评估，分为债务与融资、投资效益、绿色发展、包容性发展、第三方市场合作、科技创新、商事仲裁、风险防范等八个层面。

（一）债务融资

债务融资主要指的是企业以发行债券或者借债的方式来集资。借债方获得资金的同时还需要向债权人还本付息。中国与东盟文化贸易合作，由于所处的国别、业主、承包商、贷款期限等方式具有较大差异性，这些对双方文化贸易合作领域的融资工作造成极大的不确定性。因此，推动中国与东盟文化贸易高质量发展，需要在项目融资方面进行国家风险研判、项目可行性分析、发起人或业主资信状况分析、担保措施和能力分析、承包商履约能力分析以及项目整体风险评估等多层面融资可行性分析。需要加强参与"一带一路"企业自身融资能力建设,能够熟练把握和使用"一带一路"沿线国家金融支持政策。从融资角度和选择策划项目,对企业所在东盟对象国开拓项目过程中,针对需要融资的信贷项目或投资项目,企业应在项目开发初期对各类条件做好基本的判断。尤其是对于需要使用外部资金建设的项目,应该从融资可行的角度出发对项目业主或相关方施加影响,争取有利的条件,使之满足要求。充分掌握和利用金融支持政策。"一带一路"企业需要加强与"一带一路"所在国家的政府相关职能部门保持一定的沟通,对这些国家信贷、保险、外汇等金融支持政策动向做好跟踪,旨在有助于企业在"一带一路"建设项目中,可以随时进行政策匹配。企业还要学会利用跨国经营的国际性的银行资源、保险经纪公司、国际或区域性的多边担保机构等国际金融机构资源。企业还要学会善于利用外部的融资顾问服务,聘请有经验的顾问协助企业做好融资前期的相关工作。

(二)投资效益

投资效益指的是,双方文化贸易合作项目的投入与产出相比较,能否获得预期的盈利。双方文化贸易合作项目未来实现较高的投资效益,需要从如下方面继续提升:一是更加注重与当地各类法律、制度的对接,依法合规经营,主动融入当地社会,积极承担社会责任;二是通过资助留学、职业培训等方式,提升当地劳动者技能,不断提高用工当地化水平;[1] 三是开展更多符合当地特点、有助于其经济社会

---

[1] 林永亮:《"一带一路"建设的综合效益及前景展望》,《当代世界》2019年第1期。

可持续发展的项目，让当地老百姓在工程项目中切实受益，培育当地经济发展的内生动力和"自我造血功能"；四是树立扎根当地、长期经营的意识，处理好各类"第三方因素"，营造良好综合环境。

（三）第三方市场合作

2015 年 6 月中国政府同法国政府共同发表《关于第三方市场合作的联合声明》，而在此次声明中首次提及第三方市场合作模式。第三方市场合作实质上是中国与发达国家合作开展"一带一路"建设的创新模式。其中市场主要是指非洲、东南亚等发展中国家的市场，合作主要指中国与发达国家的合作。这一合作方式实现了发达国家先进技术与中国优势产能的互补，并对接了发展中国家的发展需求，实现了共赢。它便于多个企业参与其中，实现分类生产，有助于推动项目节约成本、提高质量、加快进程。因此，这一合作模式受到了合作方及其市场、政府、企业等各有关方面的欢迎和重视，逐渐变成推动"一带一路"建设的重要途径。在第二届"一带一路"国际合作高峰论坛圆桌峰会上，习近平在会见中外记者时强调，为构建全球互联互通伙伴关系，需要加强机制建设，"中国将努力对接各国和国际组织经济发展规划，加强第三方市场合作。"截至 2019 年 6 月，中国已与 14 个国家建立了第三方市场合作机制。这一年，中国分别与瑞士、新加坡签署第三方市场合作备忘录，国家发展和改革委员会专门发布《第三方市场合作指南和案例》，第三方市场合作成为中国"一带一路"国际合作的重要内容，也是中国与发达国家开展国际合作的重要方式之一。从长期愿景和发展通路来看，"第三方市场合作"有机会为三方合作的建立和持续运行开辟渠道，特别是对某组双边关系具有敏感性和脆弱性的三方来说,"第三方市场合作"有助于搁置争议、弥合分歧。"第三方市场合作"中,第三方可以被赋予更多的主动权,即在其他两方具有积极性的条件下,结合本国的实际需要、选择两方的优势领域设立三方合作项目,充分发挥市场合作的效能,促进本国收益的提升,并推动另外两方取得实际利益。从功能上看,"第三方市场合作"有助于解决三方合作缺乏实际议题和具体项目的问题,也有助于实现项目的尽快落地和取得早期收获。"第三方市场合作"还有助于提升中小国家在三方合作中的话语权和议程设置能力。而"第三方市场合作"的成功取决于第三方能够规避其他两方的劣势和矛盾、发挥市场合作的优势和主动权,引导有关国家在本国市场开展合作,从而发展同其他两方的关系,并最终打通三方合作的渠道。中国与东盟文化贸易实现高质量发展过程中,需要加强与有关各国的多领域合作,规避负面影响,促进正面效果的累积,建立类型多样的三方合作。密集、多元、高效和功能化的"小多边合作",有利于中国进一步夯实伙伴关系网络的建设基础,助力中国应对大国竞争和开拓外交新局面。

(四)技术创新

实现中国与东盟文化贸易高质量发展,关键是提升技术创新含量,改变依赖物资要素而非技术要素驱动的传统贸易模式,通过提高技术含量产生高效益,可持续发展。通过技术创新可以改善中国文化产业结构,提高文化产品国际竞争力,以及改善文化贸易运作的效率。当今世界上主要大国之间的竞争日趋加剧,但已经不是过去的围绕资源争夺或领土扩张,而是对国际规则的制定、贸易和技术领导地位的争夺。在此背景下，掌握关键核心技术关乎一国能否占据全球分工体系和主导全球经贸规则。通过技术创新和应用，可以有助于一国的文化企业提升在全球价值链的地位，增加文化产品附加值，也是推动文化新产业、新业态的根本源泉。

（五）商事仲裁

东盟十国的政治、经济和文化具有较大差异，部分国家还会出现政权更迭频繁甚至局势动荡的局面，复杂多变的形势不利于沿线国家的贸易和投资畅通，进而影响各国经济良好发展，使其承受无法预估的损失。同时，随着中国与东盟国家交往，涉外商事纠纷势必增多，畅通纠纷解决渠道，对于优化中国与东盟贸易合作营商环境，推进中国与东盟文化贸易高质量发展有深远意义。需要建立服务中国与东盟文化贸易的国际商事仲裁中心，推动与东盟国家的仲裁合作，同时注重与其他国家加强仲裁合作，中国国际仲裁机构可以通过境外设立分支机构，扩展在境外的业务，充分发挥中国在国际商事争端解决中的引领和示范作用。结合实际，借鉴国外先进经验，逐步优化中国涉外仲裁法律制度。比如，逐步完善临时仲裁制度，避免仲裁的诉讼化，逐步消除对于仲裁审查的双轨制对涉外商事仲裁带来的不利影响，重视仲裁地原则在仲裁中的作用等。

（六）风险防范

中国在东盟国家不断加大对外文化投资，扩大文化贸易规模，为中国经济发展创造了新的空间，同时也带动东盟多个国家的共同进步。但需要认识到，机遇和风险往往并存，"一带一路"周边国家经济发展水平不同，政治环境稳定程度不同，文化风俗也存在差异，这些都导致对外投资风险的增大。① 因此，推动中国与东盟文化贸易高质量发展，需要参与"一带一路"的企业进行有针对性的风险防范应对，一是完善政治风险评估机制。二是在东盟国家，合理分析其投资环境。三是区域合作投资布局。② 中国对东盟国家文化投资管理体制需要不断地进行完善，加强对外投资的风险预警，改善应急管理机制，提高信息渠道、人才储备、应急管理能力等方面的建设。③

第三节　中国与东盟文化贸易实现高质量发展的新特征

发展中国与东盟文化贸易，对促进中国与东盟国家间的经济合作、政治交融起到了重要的作用，有助于扩大中国文化在东盟国家的传播能力，立足中国视角，讲好中国故事，是践行建设更为紧密的中国—东盟命运共同体理念的实施路径和生动表达，肩负着将新发展理念贯穿推进对外贸易高质量发展的全过程的重要使命，需要呈交一份

---

① 龙冠成、吴宝宏：《"一带一路"背景下企业对外投资风险分析与防范——以旅游行业为例》，《中国商论》2020 年第 10 期。
② 许察金：《向家坝电站库区区域合作与一体化发展研究》，《昭通师范高等专科学校学报》2011 年第 2 期。
③ 龙冠成、吴宝宏：《"一带一路"背景下企业对外投资风险分析与防范——以旅游行业为例》2020 年第 10 期。

全新的答卷。高质量发展指标体系则是这份答卷的"指挥棒"和"检测尺"。围绕着提升中国与东盟文化贸易发展质量和国际竞争力这一目标，"促增长、调结构、减逆差"，不断夯实发展基础、创新体制机制、完善政策促进体系，大力培育服务贸易企业的技术、标准、品牌、质量、市场网络等核心竞争优势，进一步扩大文化相关产业开放领域，优化中国与东盟文化贸易市场布局，拓展文化贸易在东盟市场空间，促进双边平衡、协调发展，确保中国与东盟文化贸易高质量发展取得成效，交出一份高质量发展的精彩答卷。[1]

第一，突出中国与东盟文化贸易提质增效和兼顾规模的阶段特征。党的十九大报告明确提出："我国经济已由高速增长阶段转向高质量发展阶段，正处在转变发展方式、优化经济结构、转换增长动力的攻关期，建设现代化经济体系是跨越关口的迫切要求和我国发展的战略目标。"[2]"唯GDP论英雄"的粗放型总量经济发展模式已不再适应当前经济的发展。面对着劳动力成本上升，资源环境约束增大，推动经济提质增效是遵循经济发展规律、实现经济高质量发展的必然选择。因此，实现中国与东盟文化贸易高质量发展，应首先遵循经济发展规律，充分体现高质量发展提质增效的阶段特征。与此同时，还需要考虑到当前中国与东盟文化贸易规模体量和发展速度，未来双方文化贸易规模仍有很大的上升空间，尤其在质的大幅提升的过程中势必会带来量的增长，规模增加将是中国与东盟文化贸易高质量发展阶段不可忽视的特征。

---

① 王晓红等：《"十四五"服务贸易高质量发展思路》，《开放导报》2020年第2期。
② 迟福林：《以高质量发展为核心目标建设现代化经济体系》，《行政管理改革》2017年第12期。

第二，体现中国与东盟文化贸易文化经济和国际影响力成效。高质量发展时期正值"两个一百年"奋斗目标的交汇期，进一步巩固小康社会成果，全面建设社会主义现代化国家新征程的重要机遇期。围绕着 2035 年基本实现现代化的中长期发展目标，实现中国与东盟文化贸易高质量发展，应充分体现构建以优秀民族文化为主体、吸收外来有益文化的对外开放格局，积极开拓东盟文化市场，创新文化"走出去"模式等方面的文明现代化建设的成效，以及突出增强中华文化国际竞争力和影响力，塑造中华文化品牌，提升国家软实力等国际影响力成效，充分反映实现中国与东盟文化贸易高质量发展过程中的文明现代化建设成效和国际影响力成效。

第三，凸显中国与东盟各国人民共享和人民阅卷的根本诉求。发展文化贸易，旨在培育和激发中国与东盟国家的民众文化消费，满足更广泛受众的需求，对加快促进中国的经济发展方式，稳增长促就业惠民生、提升中国的国家软实力均具有非常重要的现实意义。2018 年 1 月习近平总书记在学习贯彻党的十九大精神研讨班开班式上发表重要讲话指出，"时代是出卷人，我们是答卷人，人民是阅卷人"。[1] 其中，"人民是阅卷人"的精辟概括，要求坚持人民主体地位，确保人民群众共享改革发展成果，因为这是确保社会持续进步的动力源。因此，发展文化贸易，中国和东盟国家的民众都是阅卷人。[2] 中国和大多数东盟国家的民众一样，随着国家经济

---

[1] 《习近平在学习贯彻党的十九大精神研讨班开班式上发表重要讲话》，2018 年 1 月 5 日，见 http://www.gov.cn/zhuanti/2018-01/05/content_5253681.htm。

[2] 项义军、汤保君：《中国—东盟自由贸易区贸易结合度指数分析》，《经济研究导刊》2016 年第 31 期。

持续增长，在满足了基本生活需求后对文化生活的消费追求日渐增长，这种消费需求更多倾向于娱乐休闲行业，并追求个性化与精神享受。因此，实现中国与东盟文化贸易高质量发展，应从中国和大多数东盟国家民众共享高质量文化产品和服务为最基本立足点，着力从公共文化服务设施短板，提高公共文化产品服务品质，建设中国与东盟国家文化交往城市等供给侧的视角，反映中国与东盟文化贸易高质量发展和人民共享的根本要求；从切实增强中国与东盟国家民众幸福感、获得感的角度，重点体现中国与东盟国家人民阅卷的根本诉求。

第四，彰显中国与东盟文化贸易的战略方向和独特魅力。实现中国与东盟文化贸易高质量发展，将围绕着"一带一路"倡议，中国与东盟打造更高水平伙伴关系以及建设中国—东盟命运共同体的战略目标，以及结合中国与东盟国家独特的文化优势，提出凸显中国与东盟高质量发展的特色。通过挖掘和依靠自身的文化特色，聚焦发展方向，促进各类要素高效集聚和有序流动，以特色化、差异化优势助力中国与东盟文化贸易高质量发展率先突破，以新的比较优势描绘中国与东盟文化贸易高质量发展新蓝图。

第五，强调创新驱动发展是首要内涵。[①] 不仅因为创新驱动发展的模式具有高附加值、高效率等"高质量"特征，更因为原来的要素驱动不能解决经济发展中的"生产要素报酬递减和稀缺资源瓶颈"这两个基本问题，科技创新是实现高质量发展的必要技术条件。

---

① 杜宇玮：《长三角区域一体化发展目标下的江苏方略》，《江南论坛》2019 年第12 期。

创新驱动是解决发展动力的问题，而发展动力则进一步决定了发展速度、效能和可持续性。① 因此，构建外贸发展的创新驱动体系是中国与东盟文化贸易实现高质量发展的关键。② 本文认为，创新驱动体系应该包括制度创新和模式创新，二者相互促进、互为支撑，是推动中国与东盟文化贸易高质量发展重要的基本支撑要素。一是制度创新。无论是中国实施改革开放政策，还是绝大多数东盟国家实施出口为导向的外向型政策，均将对外贸易管理体制作为其推动国内率先改革的前沿。正是因为中国与上述东盟国家，从宏观管理和微观运营两个层面，不断革新旧的机制，突破创新，革除体制机制的障碍，建立适应自身的市场经济体制和适应国际经贸运行体制，成为中国与上述东盟国家参与经济全球化的市场运行体制的基础。正因为如此，中国和上述东盟国家的对外贸易体制极大地促进其经济发展，释放出极大的活力。因此，推动中国与东盟文化贸易高质量发展，中国与东盟国家的文化贸易体制需要持续推进与不断深化，要在实际运作中，不断深入推进规则与制度创新，健全与高质量发展相适应的体制机制。宏观管理制度方面，需要对文化贸易运营制度、文化产品进出口管理制度以及文化贸易活动行政监管制度等方面进行创新改革；微观层面，突破制约技术升级的文化产品研发、设计、标准、产业链管理、品牌营销等关键环节的制度性障碍。③ 总之，制度创新通过提升政府宏观管理

---

① 张喜英：《试析人类命运共同体的构建原则与路径》，《学术探索》2019 年第 9 期。

② 马林静：《外贸高质量发展：内涵、路径及对策》，《现代经济探讨》2020 年第 7 期。

③ 陆燕：《自贸区建设成效、问题及发展方向》，《人民论坛》2020 年第 27 期。

效率和文化企业生产效率，为文化企业的技术创新和文化贸易模式创新的实施清除机制障碍，推动和保障技术创新成果，模式创新效应的顺利转化与实现，为企业提供转型升级、创新发展的良好环境，为中国与东盟文化贸易高质量发展提供制度保障。[①] 二是模式创新。随着新一代技术革命的快速发展，全球贸易方式发生了深刻改变，数字贸易、服务贸易、产业内贸易发展加快，传统货物贸易向数字贸易、服务贸易转型；产业价值链更依赖研发和创新，无形资产投入增加，将重塑全球价值链体系。数字贸易等贸易新业态，新模式产生的贸易规模扩大和贸易效应，主要原因是贸易模式的改变能够优化资源配置效率和贸易便利化程度，从而降低了贸易成本和生产成本。技术创新产生的技术进步推动了贸易新模式的产生和发展，例如，信息技术催生了国际贸易数字化转型等。围绕模式创新催生的新的市场生态体系和孵化出来的新的贸易规则等，这需要制度创新配套跟进从而提供制度支持，例如针对贸易新模式的法律条文的制定和修改等。贸易新业态、新模式的产生是对中国与东盟文化贸易发展现有模式的重要补充，为中国与东盟文化贸易发展开拓了新的路径和思路。因此，通过贸易新模式和新业态，有助于推动中国与东盟文化贸易方式改变，促进贸易结构优化，有助于中国与东盟文化贸易提质增效，成为推动中国与东盟文化贸易高质量发展的新助推器。

---

① 马林静：《外贸高质量发展：内涵、路径及对策》，《现代经济探讨》2020年第7期。

第四节　中国与东盟文化贸易高质量发展思路

（一）总体目标

1.中国与东盟文化贸易规模明显提升，数字技术融合程度显著提升

"一带一路"倡议的提出，迅速扩大中国与东盟国家的文化贸易规模。[1] 未来，力争中国与东盟文化产品进出口规模不断扩大，中国与东盟国家文化产品贸易规模占世界比重上升。充分释放东盟国家的潜力，供需的市场空间得到拓展，扩大在东盟市场的影响力和市场占有份额。对越南、泰国等中国文化产品传统出口市场，除了继续扩大传统的劳动密集型手工艺品，进一步稳定与其传统贸易往来，同时对这些国家加大文化升级产品和创新产品的出口。对于老挝、缅甸等中国文化产品出口规模并不大的市场，进一步挖掘这些国家市场潜力，提高文化产品出口效率。本国市场对东盟文化产品的进口规模进一步扩大，中国与东盟的文化产品贸易的顺差不断缩小。促进数字技术与文化贸易深度融合发展，提升中国与东盟文化贸易数字化水平。

2.中国与东盟文化贸易结构继续优化，双方进出口产品附加值上升

文化贸易中，出口产品分为文化产品和文化服务两类。文化产品是文化元素依附商品出口，如服装、玩具、艺术品等；而文化服务则

---

[1] 王纪元、肖海峰：《基于"一带一路"视角的中国与东盟农产品贸易特征变化研究》，《华南理工大学学报（社会科学版）》2018年第2期。

包含电影、表演、软件、数字产品等蕴含价值理念的产品。在文化产品方面，中国对东盟国家文化产品出口结构不断优化，突出产品特色，提高贸易效率，促进各类文化产品均衡发展。提升中国对东盟国家出口的技术和知识密集型产品的质量，这有助于改善和升级文化产品结构。中国与东盟文化进出口的产品优势和特色凸显，产品的深加工和创新力度提升，同时形成一定的品牌效应，中国与东盟文化进出口的产品附加值显著提升。中国文化服务出口逐渐加强，所占比例不断提升，中国与东盟国家的文化贸易结构不断优化。互联网与数字技术，推进中国与东盟文化贸易结构向服务贸易发展。双方文化产品贸易的互补水平不断提升，双方文化产品的国际竞争力水平得到提高。中国文化产品产业链与价值链向高端迈进，产品结构升级，实现产品的高端化与品牌化，从而实现与东盟文化贸易在国际市场的合理竞争。[1]

3.文化贸易创新能力不断提升，规则、标准、品牌竞争力明显提升

以科技创新驱动为引领，推进文化贸易业态、模式创新、运营模式创新，提高文化产品和文化服务附加值含量和增值水平。培育一批拥有自主知识产权、自主品牌的文化产品和文化服务贸易企业，提升文化产品和文化服务企业境外投资效益和市场开拓能力，推动与东盟国家进口来源地多元化。[2]积极参与数字文化贸易相关国际规则标准制定，提升主动权和话语权。[3]

---

[1]　王洪涛、周莉：《中国与东盟文化贸易的竞争性与互补性研究》，《学术论坛》2015 年第 11 期。

[2]　王晓红等：《"十四五"服务贸易高质量发展思路》，《开放导报》2020 年第 2 期。

[3]　李轩、李珮萍：《数字贸易理论发展研究述评》，《江汉大学学报（社会科学版）》2020 年第 5 期。

4. 对外文化贸易发展在国别方面更加均衡，中西部对外文化服务贸易供给能力提升

中国对东盟文化产品出口的市场更加均衡，不再局限于新加坡、菲律宾、马来西亚、越南等传统市场，而是实现出口市场多元化，加大对老挝、缅甸、柬埔寨等市场文化出口规模。改变中国对东盟文化贸易主要集中于广东、深圳、浙江等东部沿海城市的格局，根据区位优势、资源禀赋和产业特色，构建东中西部分工合作、优势互补、协同发展的文化产业链、供应链和价值链体系，形成以区域中心城市为核心、以城市圈和城市群为单元的空间发展格局。[①] 科学引导要素资源向中西部集聚。[②] 从供给区域分布来看，提升中西部地区承担中国对东盟文化出口的比重。

5. 发展环境不断优化，营商环境不断走向法治化、市场化、国际化

围绕促进中国与东盟文化贸易，中国对外文化投资自由化和便利化，深化文化产业与文化贸易管理体制改革，推动以竞争政策为基础的规则体系建设，促进资金、技术、人员、信息、数据等要素跨境自由流动，为吸引全球优质文化资源要素创造有利条件。[③] 不断完善文化产业与文化服务体系建设，营造亲清政商环境，形成市场公平竞争、政策公开透明、政务清正廉洁、市场运行高效的发展环境。[④]

---

① 王晓红等：《"十四五"服务贸易高质量发展思路》，《开放导报》2020 年第 2 期。

② 林善浪等：《技术创新、空间集聚与区域碳生产率》，《中国人口·资源与环境》2013 年第 5 期。

③ 王晓红：《以高水平对外开放促进开放型经济高质量发展——"十四五"时期推动高水平对外开放的主要思路》，《全球化》2020 年第 4 期。

④ 王晓红等：《"十四五"服务贸易高质量发展思路》，《开放导报》2020 年第 2 期。

6.有机统筹文化服务业开放与安全，不断完善文化安全风险防控体系

由于文化具有独特的渗透力。文化产品和文化服务传达的观念、价值和生活方式是极具个性化的产品和服务。文化贸易的价值超过了其商业价值，与其他贸易相比，它会在意识形态等方面对输入国消费者产生潜移默化的影响。因此，文化贸易是各国服务贸易政策关注的重点领域。为此树立总体国家安全观，坚持底线思维，在扩大文化服务业开放中切实维护自身文化安全、经济安全、信息安全、数据安全等。健全文化服务业开放的安全保障体系、风险防控体系、评估体系和预警机制。健全国家文化安全审查、反垄断审查、国家文化技术安全清单管理、不可靠实体清单等制度。[1] 增强文化贸易摩擦风险应对能力。[2]

（二）重点发展领域

1.会展业。会展业是会议业与展览业的合称。[3] 在中国，官方正式将会展业视为一个独立的行业。作为具有集聚性、辐射性和带动性等多种优良产业特性的会展业，已是当今现代服务业中不可或缺的一部分。打造中国与东盟博览会等对中国与东盟会展机构功能升级，加大国际宣传推广，将中国与东盟会展业的相关宣传融入"文化强国"

---

① 《中共中央关于坚持和完善中国特色社会主义制度　推进国家治理体系和治理能力现代化若干重大问题的决定》，2019 年 11 月 6 日，见 http://www.xinhuanet.com/mrdx/2019-11/06/c_138532143.htm。

② 陆燕：《中国需要积极有效地应对国际经贸摩擦问题》，《对外经贸实务》2014年第 5 期。

③ 杨丽霞：《略论我国会展产业研究存在的问题及其改进》，《经济问题》2009 年第 8 期。

战略之中，用"文化"丰富会展，用会展展示"文化"，力求会展业宣传的多形式、多内容、多层次。合理法律监督，培植产业主体。激发市场活力，打造产业品牌。[①] 发展产业集群，增强产业联动。[②] 对标国际标准，培育专业人员。

2. 版权贸易。版权贸易当属文化贸易的核心类别。在图书出版领域，创新双方的合作贸易模式，推动双方图书出版业的数字化传播与合作，建立中国与东盟版权贸易数字化平台，建立双方长效的版权贸易合作机制，加强中国与东盟国家出版机构交流合作。在广播影视出版领域，加大以外交促进影响中国与东盟相关产业贸易发展，例如，提升影视行业与新科技的深度融合，提升双方影视文化科技合作。鼓励中国与东盟影视行业与互联网企业展开深度合作，优势互补，提升中国与东盟影视行业与其他产业融合发展水平。

3. 旅行服务。提升国内旅游服务品质，优化旅游产品结构、完善配套服务，建立服务质量标准化体系，培育面向东盟的旅游服务品牌，提升对东盟游客的吸引力，简化签证手续，提高便利化水平。规范中国与东盟国家合作办学管理、提升质量，支持国内教育机构开发具有国际竞争优势的项目，鼓励国内教育机构到东盟国家办学。打造中国与东盟康养、旅游一体化发展，建设一批中国与东盟特色的康养旅游示范基地。[③]

---

① 曹勇：《电子商务是中西部地区县域经济发展的新动力》，《管理观察》2014 年第 23 期。

② 连远强：《宁镇扬经济板块产业集群的联动发展研究》，《华东经济管理》2009 年第 5 期。

③ 车荣福：《抓住自贸区建成机遇　推进南宁又好又快发展》，《中共南宁市委党校学报》2010 年第 1 期。

4.文化服务。支持文化企业面向东盟市场，创作开发体现中华优秀文化、展示当代中国形象的文化产品和服务。① 鼓励各类文化企业通过新设、收购、合作等多种方式开展境外投资合作，推动文化艺术、广播影视、新闻出版、教育等承载中华文化核心价值的服务出口，培育中华特色文化贸易优势，提升中华文化在东南亚的影响力。② 扩大技术出口规模，鼓励企业将先进数字技术和成熟数字技术推向东盟市场。③ 健全数字技术进口促进体系，支持企业引进消化吸收再创新，发挥企业和市场机制作用，广泛开展与东盟各国的技术交流合作，拓宽技术的进口渠道。发挥我国创新大国优势，积极推动知识产权出口到东盟国家，实施东盟地区专利布局。④ 支持知识产权服务机构赴东盟国家开设分支机构，为中国和东盟文化贸易企业提供专业化服务。加快中国—东盟对外文化贸易基地的建设步伐，建设成具有全球视野，兼具文化、产业、贸易知识的复合型人才培养基地。⑤

---

① 王晓红等：《"十四五"服务贸易高质量发展思路》，《开放导报》2020 年第 2 期。

② 《文化强国的"中国道路"》，2015 年 2 月 14 日，见 http://www.gov.cn/xin-wen/2015-02/14/content_2819600.htm。

③ 王晓红等：《"十四五"服务贸易高质量发展思路》，《开放导报》2020 年第 2 期。

④ 王晓红等：《"十四五"服务贸易高质量发展思路》，《开放导报》2020 年第 2 期。

⑤ 杜俊义：《中国—东盟对外文化贸易基地建设研究》，《广西大学学报（哲学社会科学版）》2014 年第 2 期。

第六章　中国与东盟文化贸易高质量
发展面临诸多外部挑战

第一节　复杂严峻的全球宏观政治经济带来的
新挑战

一、全球经济下行风险不断增大，中国对外需求萎缩

中国改革开放释放的巨大红利，以及冷战结束后经济全球化的快速发展，推动了全球贸易大繁荣，尤其是在西方主要经济体的强劲需求的共同作用下，构成了推动中国外贸高速增长的环境。然而，未来，随着世界人口结构持续老化趋势加强，大幅降低了劳动供给量。疫情下重创全球投资市场，投资信心下降等导致 FDI 的持续放缓。第四次科技革命对经济增长的动力贡献尚未得到充分展现。这样，劳动力、资本和技术这全球经济增长三大要求，难以持续为经济增长提供充足的动力，全球经济下行风险不断增大，主要经济体发展形势严峻，从中长期来看，全球贸易规模增速放缓，外需不足

将成为常态。

二、中美贸易摩擦持续，中美经济脱钩趋势强化，增加更多不确定性

改革开放四十多年来，中国已发展为全球第二大经济体，与美国在全球经济上逐步形成两强格局。美国对于中国经济实力快速崛起的担忧和疑虑加剧，由此引发了美国特朗普政府决定对中国开展贸易战，中美贸易摩擦持续并由此引发了中美全方位战略竞争的趋势强化。自1978年中国启动改革开放以来，中国主动拥抱经济全球化，积极参与国际分工，尤其是中国加入WTO后，中国与美国加强经贸合作，不仅推动中国经济快速发展，拓展了中国发展的市场空间，而且美国从中美不断密切的经贸往来中获得了巨大的利益。双方经贸合作形成了结构高度互补、利益深度交融的互利共赢关系。[①]进入2015年以来，中国在经济总量、产业体系、科技创新等方面的进步突飞猛进，中美两国在诸多领域的关系从互补转向竞争，导致美国开始将中国视为最大战略竞争对手。因此，美国对中国实施全面遏制的战略具有长期态势，采用的遏制手段也逐渐从贸易和经济领域拓展到科技、人员流动、国际合作等领域。在这种背景下，中美贸易摩擦也很难在短期内出现实质性好转。在WTO等经济组织中，美国一方面极力阻挠中国获得"市场经济地位"，另一方面极力推动否认中国的"发展中国家身份"。而且，美国还一直试图将中国

---

① 张晓强：《关于中美贸易与投资的几点看法》，《全球化》2019年第12期。

排除在主流的国际经贸体系之外，通过推动跨太平洋伙伴关系协定、跨大西洋贸易与投资伙伴协议、美墨加三国协议中的毒丸条款，破坏现有的国际贸易和分工体系，施加对华与全球经济脱钩的压力。虽然2019年底中国与美国达成了第一阶段协议，暂时缓解过去两年的贸易战状态，但中美大国博弈是长期而复杂的，而贸易摩擦成为双方博弈的最直接表现，进而给中国对外文化贸易发展造成巨大的不确定性。

三、面临来自全球文化贸易大国强有力的竞争

从战略竞争的角度上来看，文化战略竞争已成为全球大国竞争的新角逐点。从全球文化需求来看，全球各国人民对多元文化的精神追求成为全球文化贸易蓬勃发展的土壤。因此，大多数发达国家根据自身实际，实施相应的具体文化战略，推动文化贸易成为这些国家对外贸易的重要内容。从一国自身的外贸发展规律来看，促进国家的对外文化贸易发展，提升文化服务业国际化水平，有助于推动该国的外贸发展转向高质量发展阶段，从低端嵌入全球价值链向实现价值链攀升。然而，在这个过程中，中国对外文化贸易发展需要面临来自文化贸易大国的激烈竞争。各文化贸易大国结合自身国家文化需求、社会发展现实、文化传统、社会诉求、问题意识制定出具有自身特色的文化战略，充分体现出各文化贸易大国对自身国家文化发展的总体把握和全局思考，是通过顶层设计对文化发展的主动引领，以及对文化发展的合理布局。例如，作为文化强国，美

国始终坚持文化输出战略来维持自身的全球霸权。①美国作为文化强国，始终坚持文化输出战略来维持自身的全球霸权。美国文化输出战略具有以下特征：第一，通过美国生活方式的推销来建立文化霸权。第二，强大的社会科学理论领域的议题设置能力。议题设置能力是美国文化输出战略的核心能力，使美国处于全球文化话语生产链条的顶端。一旦拥有议题设置能力，人们即使不同意美国人的理论，但是依旧会用美国生产出来的理论话语来自我审视。第三，始终把持文化生产的基础设施。美国政府通过借助例如报纸、媒体、网络等基础设施构成其文化生产与传播的渠道。美国的文化霸权不仅体现为文化商品的垄断，同时也体现为文化生产渠道的垄断，后者比前者更具有隐蔽性和扩张性。法国的"文化多样性"发展的文化自主战略，通过有意识地运用"文化例外"原则的例子是1994年在摩洛哥马拉喀什进行的世贸组织关贸总协定乌拉圭回合谈判的最终阶段。一些国家想把只适用于商品贸易的自由交换原则，也扩大到视听服务（电影电视）领域。德国提出以文化对话为鲜明特色的文化战略。这一战略的实施，增强了德国文化的亲和力，提升了德国文化与其他国家文化的互动性，从而淡化了人们对"纳粹德国"的负面印象。20世纪90年代，英国政府通过文化创意战略的实施，逐渐扭转了人们对英国文化的传统印象，塑造出了一个富有活力和朝气的新文化形象。英国的文化创意战略的核心是提升文化创造力。英国不是主要依靠行政干预手段来推行文化创意战略，而是主张通过市场机制和自由环境来保护文化创造力，由此形成了"创意英国"

① 丰子义、张梧：《文化发展的战略自觉与顶层设计》，《新视野》2019年第6期。

的形象。有学者指出，英国的创意设计长期以来备受世界赞誉，许多顶级的国际品牌或图书，如苹果的 IPOD、宝马的 MINI 汽车等的设计，以及风靡世界的科幻小说《哈利·波特》《海豚岛》《时间机器》《隐形人》《星际大战》和世界著名科幻大师克拉克撰写的《2010 年：太空漫游》等均出自英国。可以看出，英国在文化创意方面的成就比较可观，英国成为世界上仅次于美国的第二大创意产品生产国。日韩两国均将发展文化产业、让文化产业走出去、扩大文化产业的国际影响力，上升到国家战略的高度。为了扭转国际社会对日本仅是"经济动物"的偏见，改变经济发展与文化发展失衡的现象，日本提出了"文化立国"战略。韩国在 1997 年亚洲金融危机后，确立了"文化立国"战略，将文化产业列为韩国支柱产业，并设立"文化产业基金"，为文化产业提供雄厚的资金支持。日韩两国通过实施"文化立国"战略，在扩大自身文化的国际影响力的同时，将国家的文化产业发展成为风靡世界的文化名片。

中国与东盟文化贸易发展除了面临各文化贸易大国文化战略的压制外，还面临着在东盟地区新兴经济体国家的追赶。例如，新加坡提出了独树一帜的反映亚洲价值观的文化整合战略。新加坡领导人于 1991 年首提亚洲价值观，主要内容是："国家至上，社会为先；家庭为根，社会为本；关怀扶持，同舟共济；求同存异，协商共识；种族和谐，宗教宽容。"新加坡的"亚洲价值观"是以东亚儒家思想为主体、吸纳西方价值观的基础上形成的。"亚洲价值观"的文化整合战略因体现出"家庭为根，社会为本；关怀扶持，同舟共济"的价值观，从而在东盟国家有一定的影响力和知名度。因此，发展中国与东盟文化贸易高质量发展，中国依然缺乏关键国际文化品牌，面临着全球文化贸易大国以及新兴经济体的文化战略的"双重夹击"。

四、全球国际贸易规则重构产生的持续性冲击

当前大国之间的竞争是规则之争，就是制度竞争，主导国际经贸规则体系的重构，国际经贸规则的竞争及其博弈走向，对全球经贸产业格局发展走向产生广泛而深远的影响。全球经贸协定和规则是推动全球治理体系变革的重要路径，因此全球主要经济体高度重视，试图对其施加最大程度的影响力。中国主动拥抱经济全球化，积极参与国际分工，在融入全球产业链、供应链、价值链的初始阶段，是被动接受由西方发达经济体主导的国际经贸规则和治理体系。客观来看，由世界银行、国际货币基金组织、世界贸易组织三大机构组成的国际经贸规则体系，对有效促进对外贸易的高速增长发挥了重要作用，因此中国也是上述国际经贸规则的受益者。然而，进入 21 世纪初期，WTO 多哈回合谈判陷入困境，各类区域贸易协定竞相涌现，尤其是 CPTPP、TTIP、美墨加自由贸易协定等高标准协定的出现，其包含的知识产权、竞争中性、服务贸易等在内的超前性规则，给中国与东盟文化贸易高质量发展带来巨大挑战。现实的中国经济实力迅速崛起，在全球经济治理体系和全球经贸规则制定中的话语权明显提升，然而，中国经济开放水平尚未达到较高开放水平的阶段，全球经贸规则制定中的主导作用仍显不足、企业主体参与国际经贸标准及规范制定的实力较弱，与我国经济和贸易大国的地位不相匹配，因此，在全球性的国际经贸规则陷入困境的状态

下，国际经贸规则的重构仍具有很大的不确定性，而在国际经贸规则制定中话语权的不足，将成为制约我国与东盟文化贸易高质量发展的不稳定因素。加之数字化时代的到来，数字贸易及其规则竞争已经成为各大国竞争博弈态势日益升级背景下的新前沿，对先进数字技术的争夺成为全球数字竞争的"新赛道"。中国面临着美欧在国际数字贸易规则制定与经贸谈判形成的"规则合围"施压，强化其规则主导权产生的严峻挑战。

五、全球金融市场动荡大幅提升汇率风险

金融全球化是一把"双刃剑"，在促进贸易投资规模扩张的同时，金融市场的波动也增加了贸易投资的风险。尤其是自 2008 年全球金融危机以来，由于缺乏有效的全球范围内的金融联合监管机制，一些突发事件及一些"黑天鹅"事件极易引起金融市场的剧烈波动。例如，欧洲主权债务危机、油价暴跌、英国脱欧、新冠肺炎疫情等事件的发生，均引起了大规模的资本跨境流动，导致金融市场大幅震动，对各国的经济和金融安全带来巨大威胁，也给国际贸易活动带来巨大风险。加之疫情在全球持续，不确定性急剧升高，投资者信心受挫，加剧了金融和资本市场动荡，金融市场波动对国际贸易的影响主要体现在汇率变动上。目前，中国和绝大多数东盟国家进出口贸易结算仍以美元为主，因此人民币与美元的汇率对中国和东盟国家中从事文化贸易业务的企业造成巨大影响，而近几年人民币兑美元汇率明显比之前表现出更大的波动性。

第二节　地区形势不确定性与不稳定性因素明显增多

一、基于政治历史、现实利益、战略诉求等诸多因素影响，部分周边邻国对华心存疑虑和戒备

从地缘政治角度出发，大国权势因地理距离相近而增加。由此大国权力周边的小国出于安全自保，往往对大国权力疑惧和戒备较重。即使这些国家可以从中国发展中获得巨大的利益和实惠，但它们又会担忧其与中国密切经贸合作中形成对华经济的过度依赖，最终形成一种对自身不利的后果。越南正是典型的例子，与中国接壤让越南感到喜忧参半。一方面，古代越南深受古代中国的文化影响，让越南成为亚洲国家中最中国化的国家，其民族国家建构或多或少受到较大影响；另一方面，如何防范和应对中国成为越南执政者战略考量的核心问题。正如安德鲁·巴特菲尔德认为，"越南认为中国在周边地区产生的过度影响力和统治而心存疑虑"。近年来，随着中国的经济崛起以及中国在南海影响力的增强，越南对华疑惧急剧上升，2014 年 5 月爆发的"981"钻井平台事件引发的越南国内大规模暴力排华事件，被认为是越南国内反华民族主义情绪高涨的集中体现。尽管现在中越关系早已走出低谷，并出现缓和甚至大幅回暖的态势，然而越南国内依然不乏反华民族主义的消极情绪，"中国威胁论"仍有一定市场。对华关系问题已成为相关国家各派政治势力较量的筹码，当权者往往

被民意所左右，将或多或少地影响越南参与合作的力度和广度。尤其是在内外部势力推波助澜下，中国的部分企业在涉及土地、港口等"战略领域"的投资项目上不断遭遇风波。比如，2018 年 6 月中旬越南多地发生大规模反华游行便是实证，使多家中资企业蒙受损失。因此，正是类似越南这样的东南亚邻国对中国战略疑虑，让中国与东盟文化贸易合作中面临不小的挑战。

二、国内政治环境不稳

东盟各国内部存在着不同程度的政治不稳定和变动因素。[①] 泰国和缅甸国内就曾经发生周期性政权变更引发政策变动，或者政治势力在激烈的政治斗争中发动针对性抗议，常波及中国企业项目投资安全，极易产生政治风险。例如，缅甸政局变动导致密松大坝项目搁浅，泰国政局变动导致中泰"大米换高铁协议"落实困难。[②] 目前，泰国政坛在"红黄对立"与代际分化的双重裂痕影响下，已经形成了"挺巴育"与"反巴育"两大阵营对峙、中小政党居中制衡的复杂格局，泰国这种政治分歧的局面使现有泰国政府在共建项目合作的决策与落实能力受到限制，给美国"印太战略"提供口实，一定程度上影响中泰合作的和谐氛围，对双方合作共建西部陆海新通道建设带来挑战。老挝的政府市场经济体系不健全，监管水平较低，威胁着老挝经

---

① 费昭珣：《联盟理论视角下的东南亚国家联盟的性质、目标与功能》，《暨南大学学报（哲学社会科学版）》2010 年第 3 期。
② 谷合强：《"一带一路"与中国—东盟经贸关系的发展》，《东南亚研究》2018 年第 1 期。

济的持续健康发展；同时，老挝典型的陆锁国问题，严重制约了本国的对外贸易发展；加上国内存在有法不依、执法不严的现象，政府管理效率较低，外汇管制方面问题丛生，国家经济发展脆弱性强，抗击外部冲击能力差。

三、域内外国家介入

从地理位置来看，东南亚是典型的陆海复合型地区，既在太平洋和印度洋之间，又处于亚洲大陆和大洋洲之间的连接带上，是两大洋与两大洲之间的"十字路口"，从地缘战略的视角来看，东南亚历来是大国必争之地，冷战期间，这里是东西方两大阵营激烈争夺的焦点，导致该地区长期处于战乱和动荡之中。进入 21 世纪以后，随着世界地缘政治格局的继续分化与重组，该地区再次处于域外大国博弈的重点地区。① 近年来，随着习近平主席"亲诚惠容"周边外交理念的贯彻落实，2013 年中国政府提出的"一带一路"倡议得到了东盟绝大多数国家的积极响应和一定程度上的对接，中国与东盟关系也得到稳步发展，取得显著成效。不过，相较于 21 世纪的第一个"黄金十年"，中国与东盟关系在第二个十年面临的地缘战略压力明显上升。② 奥巴马执政后，美国战略重心从反恐回摆到传统的大国竞争。奥巴马政府实施亚太再平衡战略，推动"战略重心东移"，维护美国

---

① 梁茂林等：《中国与中南半岛国家双边关系演进及形成机理研究》，《世界地理研究》2017 年第 3 期。

② 周方冶：《中美战略博弈下的东南亚"地缘引力结构"解析：路径与方法》，《社会科学文摘》2020 年第 11 期。

在太平洋地区的主导权。特朗普上台后，连续出台《美国国家安全战略报告》和《国防战略报告》，将中国定性为"修正主义国家"和"战略竞争对手"，因此美国在东南亚的战略布局，旨在对华战略上开展咄咄逼人的全面对抗与极限施压。在此背景下，美国加大了对越南、印尼等东盟国家的拉拢，试图将东南亚国家融入美国主导的网络化安全架构，迫使其"站队"并成为对华遏制的战略节点。2018 年，随着中美贸易摩擦持续升级，中美战略竞争进入长期化，加上疫情下中美关系脱钩趋势强化的大背景下，可能会导致未来中南半岛各国面临"选边站队"的问题。有分析人士认为，拜登上台后，拜登政府是否会坚持特朗普政府实施的"自由开放"印太战略尚待观察。然而，即使对印太战略进行更名，拜登政府很大程度上仍继续沿袭特朗普政府时期在该地区的大部分做法，包括强化在该地区的军事存在，巩固与该地区国家盟友和伙伴关系，对南海政策大致方向不变。

四、东南亚地区暴力恐怖主义蔓延，民族矛盾和宗教冲突交织 ①

东南亚地区人口结构复杂、民族文化多元、宗教信仰多样，加之长期的被殖民统治，加剧了各国经济发展不平衡，进而导致地区文化、宗教的对立和民族冲突问题错综复杂。② 在东南亚地区近 6 亿人

---

① 靳晓哲：《"后伊斯兰国"时代东南亚的恐怖主义与反恐合作》，《东南亚研究》2020 年第 2 期。

② 韦益毅：《东南亚地区恐怖活动特点及中国应对策略》，《中国人民公安大学学报（社会科学版）》2020 年第 3 期。

口中，伊斯兰宗教群体达到 2 亿多人，被国际恐怖组织视为中东和中亚以外扩张的理想目标。宗教在推动东南亚各国的社会发展、对外交流、文化传承等方面，发挥了积极作用。然而，一定条件下，宗教可能会成一种变量，与国内政治环境、经济水平、社会发展差异等因素交织在一起，成为各种矛盾冲突的爆发点，其带来的风险会形成"蝴蝶效应"。其中，最主要体现是民族宗教矛盾上升，对东南亚安全稳定造成消极影响。① 例如，"基地"组织和"伊斯兰国"组织不遗余力地在东南亚地区进行影响渗透，通过入境潜伏和社交媒体开展宗教极端思想传播，与东南亚反政府武装和本土极端组织勾连合流，对地区安全造成严重危害。近年来，已制造了多起暴力恐怖事件。② 例如，2018 年 5 月发生的"印尼泗水连环爆炸案"、2018 年 7 月 31 日在菲律宾南部巴西兰省军事检查站发生的面包车自杀式爆炸案，以及 2019 年 1 月 27 日在菲律宾苏禄省霍洛市的卡梅尔山圣母天主教大教堂内发生的自杀式爆炸案。③ 与此同时，部分恐怖主义组织充分利用现代网络社交媒体进行宣传、渗透、招募和联络，在东南亚大量招募外国恐怖主义战斗人员参加"圣战"，加剧了东南亚地区的恐怖活动国际化程度。在马来西亚，极端恐怖主义组织通过社交媒体平台传播国家分裂思想，间接煽动民族仇恨，导致暴力活动风险的可能性提升。

① 韦益毅：《东南亚地区恐怖活动特点及中国应对策略》，《中国人民公安大学学报（社会科学版）》2020 年第 3 期。
② 敖日格乐：《公安机关防范打击暴力恐怖事件的对策思考》，《云南警官学院学报》2016 年第 1 期。
③ 韦益毅：《东南亚地区恐怖活动特点及中国应对策略》，《中国人民公安大学学报（社会科学版）》2020 年第 3 期。

此外，文化接纳是文化贸易中重要的影响因素，同样是中国与东盟文化贸易实现高质量发展面临的重要问题。出于国家安全考虑，东盟国家消费群体由于语言、宗教、生活习惯和价值观的不同也存在文化接纳问题，如中国电影和电视剧"走出去"就是因为语言、国情、叙事习惯不同而受到影响。文化产品和服务的进口需要一定的消费市场和受众，东盟国家大都是发展中国家，经济水平和人口数量有限，对于引进文化产品，特别是文化服务需求能力有限。

第三节 中国与东盟文化贸易高质量发展的限制性因素

一、中国与东盟国家文化贸易战略规划和战略对接缺乏

当前，战略规划以及战略对接是制约中国与东盟文化贸易高质量发展的根本问题。东盟十国总共有人口接近 7 亿，十个国家政治体制、发展阶段、经济体量、开放水平等方面差异巨大，各国均有独特的政治、经济、文化、宗教和司法等，中国与东盟文化贸易合作环境较为复杂。由于文化对思想观念和价值导向所起的独特作用，造成双方文化贸易具有自身特色。中国与东盟文化贸易涉及双方的出版、动漫网游、传媒、影视等多个文化产业，各自行业具有不同的发展规律和特性，决定了中国与东盟文化贸易高质量发展需要考虑诸多因素，比双方开展一般制造业合作更加复杂。因此，实现中国与东盟文化贸

易高质量发展，须从中国与东盟政府层面积极做好战略规划与战略对接，中国应根据东盟各国的政治、经济、文化、社会等方面的发展环境特点，以及文化贸易发展自身规律，积极探索现有文化贸易体制改革，增强政策的通用性、协调性与有效性。当前中国与东盟文化贸易活动大多数是民营企业，民营企业的风险防范能力和科研投入能力较弱，在中国与东盟文化贸易中涉及技术密集型的文化服务贸易较少，因此，如何将企业的经济利益诉求与中国的文化走出去战略相结合是企业亟待解决的主要问题。因此，加快实现中国与东盟文化贸易高质量发展，需要中国在战略布局和顶层设计层面，根据国家自身文化资源禀赋，运用技术优势，统筹企业力量，对东盟市场进行合理的产业布局，并给予文化企业发展方向的指引、政策和资金支持，以促进中国与东盟文化贸易高质量发展。

二、技术融合与文化贸易融合不够

实现中国与东盟文化贸易高质量发展，离不开技术创新和融合。提升文化商品和服务与数字技术的高度融合，将成为实现中国与东盟文化贸易高质量发展重要的新动力源。当前，中国与东盟文化贸易与数字技术的深度融合力度不够，一方面体现在中国出口东盟产品上，出口的文化商品主要集中在工艺美术品及收藏品和文化专用设备两大类上，具体以收藏品和玩具等商品的出口为主。尽管在这两大类对外出口文化商品中所包含的中国特色文化内涵具有较高的文化价值，但是其所包含的先进技术信息和数字化信息较少，影响了中国文化产品在东盟市场中的竞争力和影响力。另一方面，中国与东盟文化产品贸易和文化服务贸易的进出口渠道和平台与先进数字技术的结合不够，缺乏线上和线下相融合的中国与东盟文化贸易平台，缺少线上的中国文化推广渠道。文化产品、文化服务和科技、互联网等多元化要素有效融合缺乏，一定程度上限制了中国文化产品和文化服务走进东盟市场的空间，影响了双方文化产品和服务贸易实现高质量、多元化快速发展。

三、融资问题比较突出

部分东盟国家融资环境复杂严峻，这些国家尚处于国家工业化发展初期阶段，经济实力有限，甚至还有国家被联合国列入最不发达国家行列，例如，老挝和缅甸，政府的财政资金有限，政策性优惠贷款申请程序繁杂，无法满足文化贸易以及文化产业等巨大的融资需求。另外，世行等多边金融机构对大型基础设施建设的投资热情度较高，动辄几十亿美元的投资项目，但文化企业投资体量较小，上述金融机构普遍缺乏足够的兴趣。而且文化产业发展规律决定了文化类企业大多属于轻资产型，专业商业银行目前缺乏针对文化创意企业业态的规则、指标和金融产品，无法为从事文化贸易和文化投资的文化类企业提供更多优惠贷款。与此同时，中国与东盟国家金融合作和创新服务均滞后。中国与东盟文化贸易高质量发展，意味着中国更多文化类企业走出去，到东盟国家投资，同时也将引进来，吸引更多东盟国家文化类企业到国内市场投资。这就需要在"引进来"和"走出去"的过程中提升更多金融合作力度，提供更专业化的融资服务。然而，目前中国与东盟国家主要是基于官方层面的金融合作，而非来自金融机构的市场化运作。此外，中国金融开发性机构是对沿线国家投资的主力军，或者是国有商业银行，以设立分行和代表处的方式进行，尚处于初级阶段，进行的只是原始放款业务，在境外不设有专门的法人资格银行，这样会造成无法真正融入对象国的商业活动中。此外，当前东盟国家大都是发展中国家或经济欠发达国家，互联网通信基础设施建设相对落后，互联网金融发展较为滞后。出于经济主权安全的考量，东盟国家对发展互联网金融持较为谨慎的态度，一定程度上阻碍了中国与东盟文化贸易合作，限制了更多中小微企业参与双方文化贸易活动的积极性。

四、中国与东盟双边文化贸易和投资的信息与渠道不足 [1]

中国文化类企业在东盟国家开展文化贸易中面临着信息不全和渠道不足的制约。部分东南亚国家存在民族冲突和宗教纷争、政局不稳、法治建设相对滞后等问题，营商环境较为复杂。目前中国对东盟国家的文化投资和文化贸易相关内容，无法为中国在东盟对外文化投资中提供足够的信息和多元的渠道，导致企业前期交易成本较高、运营风险较高。

---

[1]　高歌：《巧用中国—东盟自由贸易区原产地规则　扩大中国与东盟的投资合作》，《东南亚纵横》2011年第11期。

五、尚缺少有足够竞争力的核心文化产品

党的十九大报告中强调:"文化兴国运兴,文化强民族强。没有高度的文化自信,没有文化的繁荣兴盛,就没有中华民族伟大复兴。""提高国家文化软实力,关系'两个一百年'奋斗目标和中华民族伟大复兴中国梦的实现。"当前全球贸易大国都将建立自身独特的文化资源禀赋和比较优势作为基础。中华文明上下五千年,拥有着巨大的文化资源,但竞争力与美国等全球文化贸易大国相比依然有差距。美国之所以能长期处于全球文化贸易大国的前列,主要是美国在对外传媒方面具有极强的国际竞争力和广泛的国际影响力,一系列美国电影、电视剧成为文化贸易中有力的竞争产品。相较于美国,中国文化贸易中核心产品缺乏、竞争力不足问题凸显。近年来上映的国产电影《流浪地球》是中国电影产品的优秀代表,但与这部电影同等质量和效果的作品少之又少。在文化贸易中,传媒、表演、动漫、软件以及数字经济等文化服务是技术、知识、文化、创意等密集型的产品,需要大量的技术和人员支撑,我国现阶段无论是技术水平还是技术人员数量都不能满足需求。此外,高端复合型文化贸易人才储备不足是制约中国与东盟开展文化贸易高质量发展的主要制约因素。[①] 目前中国文化领域的人才仍以单一方面的知识和能力培养为主,且对外文化贸易人才的培养,只有较少院校开设相关人才培养专业,导致复合型对外文化贸易人才极度匮乏;另一方面,东盟国家寻找到的人才

---

① 陈梦珂:《我国文化在国际传播中的规制冲突与应对》,硕士学位论文,湖南大学,2018 年。

容易遭遇"水土不服"的情况，无法真正满足企业需求，即使寻找到合适人才，海外人工成本也非常高昂。因此，文化产业缺少核心产品和竞争力不足，严重阻碍了文化贸易的进一步发展。①

---

① 孔小妹、龙子午：《"一带一路"战略下中国粮油企业"走出去"风险及应对措施》，《粮食科技与经济》2017年第3期。

第七章 实现中国与东盟文化贸易高质量发展的路径与策略

第一节 构建合理市场外部格局和持续优化贸易结构

一、构建更加多元平衡的东盟市场格局

英国著名经济学家凯恩斯在其代表作《就业利息和货币通论》提出的消费函数理论认为，决定消费水平的因素很多，如收入、财产、利率、收入分布等。其中收入是最根本的因素。收入情况决定购买力的高低，经济发展水平越高的国家，人民的消费能力也就越高，对文化产品的购买力也就越大。这意味着一国的经济发展水平决定其国民的消费能力的高低，而当前中国对东盟市场文化产品和文化服务的主要消费市场集中于印尼、泰国、越南和新加坡，上述东盟国家一直是中国文化贸易最主要的目标市场。这种过于依赖少数国家的文化贸易外部市场格局，是基于上述东盟国家经济发展水平较快带来文化消费需求提升的产物，具有一定的合理性。然而，近年来全球宏观政治经

济形势复杂多变，存在诸多不确定性，相对集中的市场格局弊端更加凸显。这是因为，一是市场过度集中会降低对外文化贸易整体抗风险能力，一旦东盟地区的主要市场出现风吹草动，中国对东盟文化贸易发展就会受到剧烈冲击，而主要东盟市场大多是发展中国家，这些国家的经济发展受制于发达国家主导的全球市场，自主性较小，一旦世界经济发生大的波动或出现周期性衰退，国内经济势必受到冲击。如果未来中美贸易摩擦持续，产生的最不利后果是全球经济放缓。发达国家金融市场趋紧，迫使企业削减资本支出，加上这些国家的经济增长模式严重依赖出口和外国投资，因此特别容易受到全球经济放缓和金融状况趋紧的影响。因此，东盟主要市场容易受全球经济形势影响，具有较大的波动性。二是市场过度集中也会导致上述国家的警惕。因为这存在着文化接纳问题。文化接纳是中国与东盟国家发展文化贸易中重要的影响因素，也是当前面临的重要问题。上述国家政府出于国家安全考量，政府对文化接纳持保守态度，这些国家会采取限制措施，导致贸易摩擦。因此，无论是从风险分担和防范还是从防止贸易摩擦的角度考量，对东盟市场进行更加合理的布局是实现中国与东盟文化贸易高质量发展的题中之义。应该在继续深耕传统东盟主要市场、巩固扩大市场份额的同时，大力拓展新兴的东盟市场。充分利用已签署的 RCEP、中国—东盟自由贸易区升级版协定的基础上，加快提升中国与东盟文化贸易自由化水平。此外，加快提升东盟基础设施互联互通建设水平，推动中国文化产品和文化服务在东盟市场的技术、标准、服务提质增效。

二、持续优化双边贸易结构

中国政府需要不断引导文化新业态的发展，发挥文化新业态对中国与东盟文化贸易的带动作用。近年来，中国的广播电视集成播控、互联网搜索服务、互联网其他信息服务、数字出版、其他文化艺术业、动漫、游戏数字内容服务等 16 个行业小类呈现较强的新业态发展势头。根据中国国家统计局数据显示，2019 年中国文化新业态特征较为明显的 16 个行业小类实现营业收入达 19868 亿元，同比增长约 21.2%，占比为 22.9%，比 2018 年提高 2.1 个百分点。其中，互联网其他信息服务、可穿戴智能文化设备制造的营业收入增速超过30%。同时，提高新业态文化服务对外贸易比重，对推动中国文化服务进一步走进东盟市场，尤其是提升艺术品行业和动漫、游戏数字内容服务行业的发展和对外竞争力，对优化中国与东盟文化产业结构优化升级具有非常现实的意义。

另外，加强不同区域对外文化贸易协同发展，优化国内区域贸易结构，不断发掘和利用中西部各地区的优势文化资源，结合当地民族文化特色，发展具有比较优势的文化产业并推动融入中国与东盟文化产业链、价值链，加快文化走进东盟市场的步伐。西部地区拥有独特的文化资源禀赋。例如，以重庆为例，重庆拥有大量的文化资源，例如，解放碑、重庆人民大礼堂、重庆大剧院、重庆国际博览中心、中国三峡博物馆、洪崖洞等。重庆可以借鉴北京故宫文化 IP 的模式，注重文化创意产品的升级互动，不断向市场传递重庆的文化信息。注重品牌和影响，建议用新媒体技术，让游客和消费者体验到重庆文化产品的多元化，进行特色化体验。重庆美食文化节、重庆国际啤酒饮料节、磁器口庙会，贵州贵阳苗族的"四月八"、布依族的"三月三""六月六""跳场"等民族节日，广西南宁壮乡武鸣"壮族三月三"歌圩暨洛越文化旅游节，中国（横县）茉莉花文化节、南宁国际民歌艺术节、南宁·东南亚国际旅游美食节等，重大节庆活动对这些城市旅游业发展以及城市形象树立提供了正能量。目前西部地区文化产业处于快速起飞的阶段，中西部地区规模以上文化及相关产业企业营业收入均超过东部地区，占全国的比重进一步上升，这为进一步优化中国的文化贸易结构提供了重要基础。为此，一是培育西部具有一定实力的对外文化企业集团和中小企业群。首先西部地区的中心城市打造成为区域性对外文化贸易中心，在文化"走出去"战略中发挥重要影响力，为此建立实力雄厚，积极开拓的对外文化企业集团和一大批机制灵活、创新能力较强的对外文化贸易中小企业群。二是打造具有明确知识产权归属的城市符号和内容，促进其国际交往能力提升。西部城市提升其国际交往能力和水平，离不开自身城市符号的打造。因为城市的国际交往能力是以文化符号的创新为基础，以知识产权化为核心，以品牌化为重要方向，从对文化资源再生产、在知识产权形成的基础上对文化 IP 进行品牌化，从而最终实现目标。三是西部地区可以整合其文化资源优势，调动各方参与积极性，进一步加强文化挖掘、文化符号创新和文化魅力提升，提升其与东盟国家交往能力，进一步推动中国与东盟文化贸易，打造其成为具有自身特色的地区性对外文化贸易中心。四是以社会需求为导向，密切关注国际文化贸易专业的人才供求状况，积极促进政商学研用联合培养模式。对焦市场需求，培养高层次复合性应用型的国际文化贸易专业人才；积极促进政产学研用联合培养模式，建设产学研一体化思路，加大实践课程的力度，充分发挥教学实践基地的作用。五是加大对文化企业的资金扶持。考虑对具有走向国际市场潜力企业的支持，为扶持文化产品和服务"走出去"提供资金保障，对重点企业和项目的海外市场推广准备和实施工作进行专项奖励。建立对走出去文化企业的投融资服务体系，通过金融政策支持，为无抵押、轻资产的文化企业提供快速便捷的融资服务，为这些企业融资创造便利条件；通过建立专项资金，对一些文化企业进行重点扶持补贴，以减少企业融资成本。

第二节　依托各种合作平台，不断深化双方的合作水平

（一）充分利用中国与东盟博览会、亚洲博鳌论坛、澜湄合作、泛北合作等平台举办论坛和推介活动，推动文化组织和文化企业间开展务实合作，积极推动双方文化信息数据交换、文化类企业对接洽谈。通过双方文化贸易推动平台建设。实现中国与东盟文化贸易高质量发展，需要解决企业遇到的实际问题，需要建立相应的服务平台，为企业发展提供动力，解决中国与东盟国家文化贸易的瓶颈问题。

（二）建立双方文化贸易信息共享平台。信息是企业进军全球市场，应对国际竞争的重要前提。中国面对东盟十个国家，各国语言种类繁多，官方及常用语言存在多语种并存现象。因此，不可避免地存在着因语言障碍，导致信息不对称、信息沟通不充分等现象，这会增

加企业在东盟市场的投资风险，也给中国企业带来大量沉没成本。因此，可以通过整合社会信息资源，建立信息共享平台，了解十国民众的消费习惯和文化需求，减少企业成本、寻求中国与东盟国家更多的文化契合点。

（三）建立文化贸易专业领域的人才孵化平台。人才一直以来都是贸易的重要资源，人才对于文化服务贸易来说尤为重要，尤其是文化服务贸易需要大量的技术人员和翻译人员，要通过人才孵化平台，打造技术过硬的技术团队和翻译团队。另外，还要根据市场需要，对不同技术和语言人才的需求进行专项培养，为文化贸易提供智力支持。

（四）建设境外文化产业合作园区，深化中国与东盟产业合作。现阶段，文化产业园区多在国内建设，如长沙、云南等地建立的文化产业园区，这些园区对国内文创企业的孵化和规模化发展起到重要作用。而文化贸易出口主要面对的是国外市场，由于境外文化产业园区相对较少，对规避贸易壁垒、加强对外文化贸易往来和投资的作用有限。为了加强我国与"一带一路"沿线国家的文化贸易和开展投资，在推进国内文化产业园区建设的同时要加强境外文化产业园区的建设，这不仅可以减少贸易壁垒，而且还可以为中国与沿线国家的文化企业交流提供重要平台。复杂多变的全球宏观政治经济形势，以及疫情持续蔓延，给中国对外贸易整体发展带来了前所未有的压力和挑战。面对如此形势，提高中国与东盟文化贸易风险应对能力非常重要。构建产业衔接互补的中国与东盟区域文化价值链，有助于减少对现行全球价值链的过度依赖，完善和加强中国文化产业链，优化文化产业结构，缓解和应对各种风险及突发事件对文化产业链的冲击和影响。另外，中国基于文化技术积累优势，牢固把握其对发达国家以及东盟国家双向连接的枢纽地位，将加快促进与沿线国家分享中国文化产业发展经验和产业标准体系，实现文化产业安全合作互利共赢，构建形成产业互补的区域价值链。

（五）充分发挥自贸试验区开放试验田作用。从顶层设计入手，推动自贸试验区真正成为制度型开放的规则引领区、压力测试区和国际对标区。借鉴自由贸易试验区的经验，建立与东盟国家对接的文化贸易服务机制，确立市场竞争中立、贸易便利化、投资扩大化等基本原则，以制度创新探索实现中国与东盟文化贸易高质量发展的路径。一是明确对东盟国家文化服务贸易扩大开放的红线，探索建立"中国与东盟文化内容服务负面清单管理"新机制。二是牢牢把握自贸试验区在行政审批、金融服务、财税支持等方面先行先试的政策优势，建立与健全文化产业与贸易相关的法律法规与促进政策，创新文化贸易高水平开放作为自由贸易试验区的试验区功能。三是将北京自贸试验区、广西自由贸易区建设成为中国与东盟文化金融服务中心，支持条件成熟地区创建文化金融合作试验区。四是在自由贸易试验区内支持文化企业和高新科技的融合发展。五是支持在自贸试验区内实施"数字文化贸易"的发展模式。六是以自由贸易区战略布局拓展在双边或多边自由贸易区协定下的中国与东盟区域文化合作。

（六）推动数字技术与文化贸易深度融合。推动文化商品和服务中文化价值创造性转化与创新性发展，是实现中国与东盟文化贸易实现高质量发展的重要路径。目前中国传统文化商品如期刊、图书等，在东盟市场中受到诸多不确定性因素和事件的影响和冲击，与此同时，数字文化产业的发展越来越快，对外文化贸易的数字化趋势也越来越明显。近年来，"人工智能＋文化""互联网＋文化"等新兴文化领域因为科技含量高、创意多、附加值高，在国外各市场和平台已经取得了很大成就，行业收入年均增速在40%以上。因此，在加大文化创意投入力度的同时，借助互联网和5G技术，推动重点传统文化产业，如动漫、影视、游戏等领域的融合和创新，提高文化企业自主创新能力，增强数字文化产业的国际竞争力，促进中国与东盟数字文化贸易的快速发展。2014年国务院出台了《关于推进文化创意和设计服务与相关产业融合发展的若干意见》，文化创意被提到国家发展的战略高度，而文化创意不仅是文化贸易的重要来源，更是推动文化产业良性发展的重要动力。互联网是文化创意传输的重要路径，在互联网的整合下将创意、软件、硬件、资本和市场等要素紧紧连在一起，通过互联网可以满足东盟消费者不同文化产品和服务的需求。随着中国互联网技术的成熟和5G网络的建设，数字贸易将进一步被激发。未来，中国与东盟文化贸易实现高质量发展，应该以互联网为抓手，进一步完善"互联网＋文化贸易"的模式，这对促进中国与东盟文化贸易高质量发展具有重要意义。

第三节　改革投融资机制，实现中国与东盟文化
贸易的可持续发展

第一，由中央部委相关职能部门参与，科学布局，统筹协调，制定促进中国与东盟文化贸易高质量发展总体规划，制定金融支撑中国与东盟文化高质量发展的政策目标，服务机制、保障措施以及监管规

则等。

第二，制定差异化金融调控与监管政策。中国与东盟文化贸易项目在资本金核算、贷款周期匹配度、政府债务口径等方面存在一定的合规风险，因此金融支持存在较多的政策性障碍和利益平衡问题。建议中国人民银行设置专项金融政策调控工具，对金融机构此项业务进行定向差异化调控，并予以适当贷款利率优惠；引导金融机构完善中国到东盟市场投资的文化贸易企业贷款流程及审批机制，提高审批效率。建议银保监机构研究实施促进中国与东盟文化贸易高质量发展差异化金融监管政策，合理确定金融机构激励政策，建立金融风险防范体系，防范金融风险。

第三，鼓励金融服务创新，创新政府和社会资本合作（PPP）模式，可以考虑用"PPP+私募基金+运营"的模式，挑选有实力的社会资本去建设运营东盟国家数字文化贸易基础项目。既可以避免过多过度倚重中国资本，降低因"过多把鸡蛋放在同一个篮子"的项目风险，也可以更好地提升各方参与度和积极性，在共商、共建、共谋的决策模式下，提升基建项目运营效率和服务品质。借鉴包括"PPP+担保"，"PPP+信托+基金+城改"等多种方式在内的运作 PPP 项目模式经验，建立适合新通道建设 PPP 项目的运营机制，解决沿线国家基础设施项目建设面临融资渠道有限、融资困难等问题，完善社会资本投入 PPP 项目进入、退出机制以及流动的监管机制。

第四，设立专项投资基金。建立亚投行和丝路基金给予促进中国与东盟文化贸易高质量发展建设专项资金，或者单独设立共同基金，引导相关企业基金参与中国与东盟文化贸易。加快与亚投行、丝路基金等国际开发性金融机构资金对接中国与东盟文化贸易建设项目，合理配置资金供给与需求，改善投融资环境。实现国际开发性金融机构创新机制对接中国与东盟文化贸易，采取政府推动与市场运营相结合的方式促进建设目标达成，学习借鉴世界银行、国际货币基金组织等国际开发性金融机构投资风险防范成熟经验做法，加强风险识别，完善项目筛选机制，规避投融资风险。

第五，考虑利用中国金融资产管理公司支持中国与东盟文化贸易高质量发展。中国目前拥有的五家国有金融资产管理公司，具备支持中国与东盟文化贸易高质量发展的综合实力及内在动力。五大金融资产管理公司可以整合拥有的国际业务资源，将新拓展的数字基础互联互通建设业务与现有的全球业务统筹管理，布局中国与东盟文化贸易具体项目，促进集团的全球化发展，再以集团的全球化发展引导项目建设的良性互动格局。加强与支持"一带一路"发展的亚洲基础设施投资银行、丝路基金、中国—欧亚经济合作基金，以及中投国际、中投海外、中非发展基金、中拉产能合作投资基金等国家海外投资机构合作，加强与上海合作组织、"10+1"、APEC 等现有多边地区合作机制及论坛的沟通，以推进中国与东盟文化贸易高质量发展项目为载体，不断推进在各个领域的全面合作。政府层面可以考虑优化五大金融资产管理公司经营考核机制，引导 AMC 参与推进中国与东盟文化贸易高质量发展成效。东盟国家文化基础设施建设涉及金融资产管理公司金融资产安全问题，国家应从军事保护、提升政治待遇、完善有关金融资产管理公司的法律法规等方面，保护境外文化产业园、文化基础设施建设的金融资产安全。

第四节　推进第三方市场合作，提升中国与东盟文化产业链水平

　　第三方市场合作是中国政府提出的新型国际经济合作形式。2015年6月李克强总理访问法国期间，中法正式发表《中法关于第三方市场合作的联合声明》，首次提出了"第三方市场合作"的概念。此后，第三方市场合作成为中国对外经济合作活动的重要创新点。截至2019年6月，中国已与法国、韩国、加拿大等14个国家达成了开展"第三方市场合作"的共识（见表7—1）。第三方市场合作逐步成为中国"一带一路"国际合作的重要内容，是中国与发达国家开展国际合作的重要方式之一。

表7—1　"第三方市场合作"国家合作概况

时间	国家	合作文件	合作平台
2015年7月	中国—法国	《中法关于第三方市场合作的联合声明》《中法第三方市场合作示范项目清单》	中法第三方市场合作指导委员会、中法第三方市场合作论坛、中法第三方市场合作基金
2015年10月	中国—韩国	《关于开展第三方市场合作的谅解备忘录》	中韩共同开拓第三方市场联合工作组
2016年9月	中国—加拿大	《关于开展第三方合作的联合声明》	
2016年10月	中国—葡萄牙	《关于加强第三方合作的谅解备忘录》	中葡第三方合作工作组
2017年5月	中国—西班牙	《关于加强第三方合作的谅解备忘录》	中西第三方市场合作工作组

续表

时间	国家	合作文件	合作平台
2017 年 9 月	中国—澳大利亚	《关于开展第三方合作的谅解备忘录》	中澳战略经济对话
2018 年 5 月	中国—日本	《关于中日企业开展第三方市场合作的备忘录》	中日第三方市场合作论坛、中日第三方市场合作工作机制
2018 年 9 月	中国—意大利	《关于开展第三方合作的谅解备忘录》	中意第三方市场合作论坛、中意第三方市场合作工作组
2018 年 10 月	中国—荷兰	《关于加强第三方合作的谅解备忘录》	
2018 年 10 月	中国—比利时	《关于在第三方市场发展伙伴关系与合作的谅解备忘录》	
2019 年 4 月	中国—奥地利	《关于开展第三方合作的谅解备忘录》	中奥第三方市场合作论坛、中奥第三方市场合作工作组
2019 年 4 月	中国—瑞士	《关于开展第三方合作的谅解备忘录》	中瑞第三方市场合作工作组、"一带一路"能力建设中心
2019 年 4 月	中国—新加坡	《关于开展第三方合作的谅解备忘录》《关于加强中新第三方市场合作实施框架的谅解备忘录》	中新第三方市场合作工作组、中新"一带一路"投资合作论坛
2019 年 6 月	中国—英国	《关于开展第三方合作的谅解备忘录》	中英第三方市场合作工作组

资料来源：国家发改委：《第三方市场合作指南和案例》，2019。

　　第三方市场合作是中国对外经济合作乃至中国外交工作的创新，对于参与合作的国家具有重要政治和经济意义。

第一，第三方市场合作是促进主权国家间合作的创新之举。互惠性原则是促进主权国家间合作最有效的策略之一。发达国家拥有先进技术和装备，但面临着国内产业空心化、海外市场需求不足等因素制约。中国作为全球工业门类最齐全的国家，整体上处于工业化中端水平，一些产业技术能力有待提升。发展中国家正处于工业化初期阶段，具有改善基础设施建设、发展工业和加快城市化进程的迫切需求，却面临着缺乏技术和资金的问题和挑战。作为开放包容的国际合作模式，第三方市场合作将位于全球产业链、供应链不同层级的国家相互联结，有助于各国之间通过产业优势互补放大政治合作的互惠性。通过三方携手，共同推动第三国产业发展、基础设施水平提升和民生改善，取得 1+1+1>3 的效果。

第二，第三方市场合作是构建开放型世界经济新格局的探索之举。对于中国和发达国家而言，开展第三方市场合作是搁置争议问题、寻求实际合作成效的重要方式。通过借助国际组织、建立自贸区，或者发挥各国企业自主能动性，利用各自的资金和技术优势等开展合作开发等工作，中国与发达国家的政府及企业在国际市场上减少了竞争成本，提升了合作收益。对于被投资国第三方而言，在此合作模式下以东道国身份被赋予了更多的主动权，即在其他两方具有积极性的条件下，能够结合本国的实际需要、选择其他两方的优势领域设立三方合作项目，充分发挥市场合作的效能，提升本国在三方合作中的话语权和议程设置能力，促进本国利益的提升。特别是在最不发达国家（LDC）中，国家间合作开发对当地经济社会发展具有更为重要的影响。

中国开展第三方市场合作以共识机制建设为基础，借助金融支持推动具体项目落地实施。

第一，合作机制不断完善。在与多国达成合作共识基础上，第三方市场合作机制正逐步稳定成型。中日已建立并启动第三方市场合作长效工作机制，推动建立涵盖政府、企业、金融机构、商（协）会、智库、使领馆"六位一体"的工作对接网络。中比、中荷在经贸混委会框架下成立工作组，支持和推动双方企业在第三国开展合作。中国和新加坡也建立工作小组商讨两国可共同开发的市场和领域，主办企业配对交流论坛，协助中新企业在"一带一路"沿线国家中开展合作。

第二，金融支持持续强化。第三方市场合作中我国与其他国家间金融合作力度正逐步加强。国家开发银行、丝路基金与国外金融机构合作成立第三方共同投资基金，为企业进行项目合作以及共同投资提供融资支撑。中国国家开发银行与阿联酋穆巴达拉发展公司分别出资50亿美元，成立中阿共同投资基金，联合投资中东高增长国家和地区的传统能源、基础设施建设、高端制造业等领域。丝路基金与欧洲复兴开发银行设立了第三方合作基金，将第三方合作纳入"一带一路"倡议中。在第二届"一带一路"国际合作高峰论坛期间，丝路基金同欧洲投资基金宣布设立多种形式的第三方市场合作基金，进一步充实了"一带一路"国际合作内涵。

第三，合作成果惠及各方。第三方市场企业合作项目规模逐步扩大。中国政府倡导第三方市场合作应强调企业主导、政府推动等原则。自提出以来，中国企业已与西方跨国公司开展了50多项第三方市场合作项目，第三方市场合作项目规模达到126亿美元。合作模式包括产品服务类、工程合作类、投资合作类、产融结合类和战略合作类，涵盖基础设施、能源、金融、农业、气候变化等多个行业领域，项目分布遍及约旦、印尼、秘鲁、黎巴嫩、莫桑比克、埃塞俄比亚等多个国家。实践表明，中国与法国、韩国、日本等先期达成共识国家间第三方市场合作取得了突出的成效：一是中法两国集中在非洲、亚洲等重点区域开展第三方市场合作，围绕基础设施、能源、交通、航空等产业已达成了 20 多项第三方市场合作协议，其中多个项目在非洲法语国家落地。2019 年 4 月第二届"一带一路"国际合作高峰论坛期间，中法双方确定了 10 多个第三方市场合作项目。二是 2019 年中国建筑集团有限公司和法国爱集思集团共同投资建设刚果国家 1 号公路特许经营项目。三是中韩两国在南美、非洲、东南亚和中东地区有广泛合作，形成了中韩合资投标、中方监理或设计、韩方施工等多种合作模式。在第三方市场的基础设施建设、交通、能源等领域取得切实成果，如科威特新建炼油厂项目、厄瓜多尔太平洋炼油厂项目、越南山阳港项目、埃塞俄比亚通信网和电网建设合作等；通过并购、相互投资等"借船出海"方式在第三国共同开拓市场，如韩国金融机构借助中国工商银行收购南非标准银行等。四是中日两国将基础设施、金融、信息技术、健康医疗、物流等作为双方重点合作领域，为推进高质量共建"一带一路"和中日第三方市场合作，将在人工智能、大数据、物联网等领域加强互利合作。现阶段，中日企业第三方市场合作模式包括：日方制造企业作为中方企业海外项目的高端设备供应商；日方企业作为中方企业技术支持方；日方企业作为投资商，中方企业作为项目总包商；中方企业作为投资商和总包商，日方企业参股投资或日本金融机构提供部分融资支持等。中日两国将东南亚尤其是泰国确立为双方优先合作区域，把泰国"东部经济走廊（EEC）发展计划"作为两国第三方市场合作重点项目。

因此，在推动中国与东盟文化贸易高质量发展中，可以考虑第三方合作模式，这种模式可以调动发达国家跨国公司的资金优势，整合中国与东盟文化贸易产业链价值链有机融合，推动形成合理高效的中国与东盟区域文化价值链分工格局，从而推进与东盟国家的文化贸易高水平开放、高质量发展。为此，可以继续搭建中国与东盟国家政府层面沟通交流平台和纠纷解决机制，深化国家政治沟通，推动双（多）边投资保护协定、自贸协定、避免双重征税协定、劳工签证等政策实施，为第三方市场合作营造良好的政治环境，以此推动中国与东盟文化贸易高质量发展之间形成良性互动循环。促进第三方市场合作长效机制建设。推动政府间和企业间积极互动，定期交流合作项目信息和项目进展，提升合作项目信息透明度，明晰各方的责权利关系，增强合作互信度。积极推动国家间规则制定和标准理念等实现有效对接，在坚持遵循统一的国际标准或行业标准基础上，通过谈判协商等途径解决好标准差异性问题。做好第三方市场的合作空间及产业导引工作。借助专业机构对第三方市场合作的空间和产业开展前期研判，对国别选择与产业选择给出优先排序建议。注重区分不同国别的实际情况，结合中国企业在东盟市场文化贸易领域技术优势，在现有合作基础上，借助市场价格、产业模块从属等多种机制，在东南亚部分国家优先推动先进技术领域合作和产业化应用。重视建立第三方市场合作文化资源和文化产业信息资源库，强化第三方市场投资金融支持，注重第三方国家的社会文化影响。引导中国企业了解熟悉第三国社会文化，尊重第三国文化与习俗，在实施项目过程中尽可能避免文化理念冲突。加大国家间人文交流力度，做好舆论媒体联系、智库沟通等工作，为中国企业参与东盟文化投资建设营造积极正向的舆论环境。

第五节　建设境外中国与东盟文化创意产业园区，深化双方文化贸易合作

建设文化创意产业园区并非中国独创，美国最早建设文化功能类似的文化创意产业园区。第一，建立在美国西海岸加利福尼亚州洛杉矶郊外的好莱坞影视制作基地。好莱坞与其周边的城市共同构成了美国影视工业的中心地区，形成了发达的电影业产业链。随着米高梅、派拉蒙、20世纪福克斯等七大影业公司的相继落户，这些企业相互合作、紧密关联，相互构成利益共同体，形成了今天庞大的好莱坞影视制作基地。文化创意产业链条主要包括内容创意、加工生产、市场营销三个环节，每个环节又涉及若干服务商。今天好莱坞呈现出了这样一种局面：以文化创意产品的制造企业为核心，信息咨询机构服务于内容创意，后期制作、设备供应商服务于加工生产，中介机构、经纪公司服务于市场营销，更有政府、行业协会、民间组织提供综合性服务和必要的支持。第二，在纽约SOHO区。纽约SOHO（苏荷）区之所以成为美国最知名的创意园区之一，原因在于：一是依靠纽约在全球的地位和综合实力，成为各类人才大量汇聚的高地，因此拥有了激发城市建构创意资本的能力，为其创意产业园区的发展打下坚实基础。二是纽约开放多元的城市文化不仅能够创造大量机会释放不同群体的创意，吸引文化创意人才的聚集，而且开放多元的城市为其提供激发创意的创造活力，造就了如今时尚、个性、前卫，集艺术、时尚、购物、休闲于一体的都市休闲创意产业园区苏荷。三是雄厚的经济实力促进了创意园区的发展壮大和纽约经济增

长，因此，城市与园区的循环互动是纽约 SOHO 园区的特色。可借鉴的经验包括：完整的市场化投资模式；新经济背景下打造一个产业链增值的模式；在整个的产业链整合基础上，寻求行业的融合；建立适合全球化的整个产业发展的市场化的调节机制；高度的市场化和高效的商业运作。

因此，推动在境外建立中国与东盟文化产业创意园区的意义在于，一是稳定以中国企业为核心的文化产业链供应链。二是一定程度上规避欧美国家对华贸易壁垒。较早前，欧盟以"中国非市场经济国家"为由，频频对中国产品发起反倾销申诉，采取了不利的成本认定方式。当这类商品转移到境外园区生产，则很有可能避开不利的成本认定方式。三是为中资企业走出东盟市场提供投资保障生态。东盟国家的整体营商环境普遍不佳，境外文化产业创意园区可借助中国政府的政策支持，利用大体量和要素聚集多、对东盟对象国的经济影响大的优势，从政府管理、税收、安保等方面为入区文化类企业营造一个全面的保障生态。文化类企业在园区的保护下专心从事自身擅长的研发或生产环节，减少经营风险和提高收入，降低在东盟国家经营失败的可能性。

在境外建立中国与东盟文化产业创意园区，需要从政策体系的"顶层设计"角度，明确境外园区建设运营具有"四梁八柱"性质的机制。包括：规划机制、投融资机制、招商机制、商业模式优化机制、经济环境社会的可持续发展机制、海外投资风险保障机制这六个支柱。详见图7—1。

1.规划机制。一是在宏观统筹方面，责任主体为商务部、发改委等国家部委。可加强全国企业建设境外文化创意园区的区位与产

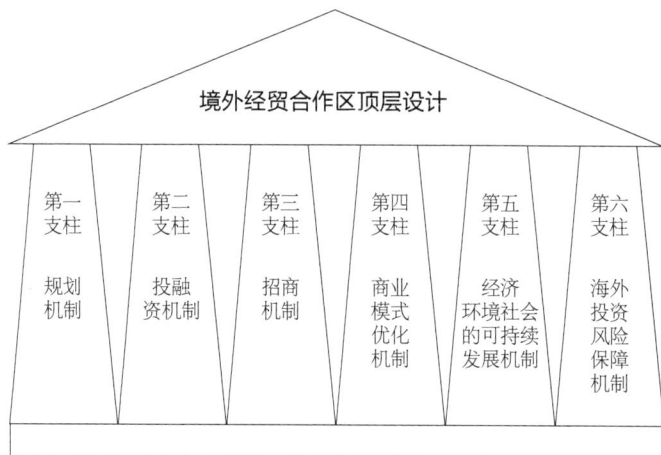

图 7—1　境外中国与东盟文化创意园区发展机制的顶层设计

业的宏观规划、统筹协调。较好的决策参考是北京大学发布的"'一带一路'五通指数"。二是在中观保障方面，责任主体为地方政府。可在本省《十四五规划》中明确境外中国与东盟文化创意产业园区对于对外开放的定位和作用，探索自贸区与境外园区的"两国双园"制度安排，组建"山西省境外合作区管理联盟"。三是在微观落实方面，责任主体为园区实施企业／建区企业。可将境外园区的区位与产业规划顺应东道国的战略发展诉求，最大化园区与东道国的共同价值，提高东道国政府、企业、非政府组织、非营利组织与公众的获得感。

2. 投融资机制。在园区建设环节，可采取 PPP 投融资模式，建立中资企业与东道国政府、企业共担风险共享收益的合作机制，拓宽项目资本金来源；在园区运营环节，可采取资产证券化或 REITs 方式将园区资产转出，实施企业／建区企业可快速收回资本和应得回报，用于建设更多境外园区。

3.招商机制。一是地方政府主动支持境外合作区的招商工作，以提高园区在潜在客户心目中的可信度，降低招商难度；二是招商对象可针对一流园区运营商（建设园中园）、产业龙头（打造园区产业群）；三是促成入区企业来源国、所有制的多样性，以提高当地社群获得感，降低疑虑和抵触心理。

4.商业模式优化机制。运营商应持续优化商业模式，跨过三个发展阶段：1.0阶段，建区企业向入区企业提供物业管理服务、基础设施公用事业服务的基本服务，此阶段的特点是服务附加值较低；2.0阶段，在合作区土地增值的基础上，建区企业开展商业住宅地产开发的房地产开发，主要收入来源为地产销售收入；3.0阶段，建区企业以自营和撮合相结合的方式，向入园企业提供商务服务、全产业链服务、产业投资服务，主要收入来源是商务服务收入、产业服务收入、金融投资服务收入（自营时）和佣金收入（撮合时）。

5.经济环境社会的可持续发展机制。地方政府应引导实施建区企业在境外合作区的规划、开发与运营全生命周期中全面贯彻联合国《2030年可持续发展议程》，以取得本国与多边金融机构、东道国政府、非政府组织、社群乃至国际组织的资金、政策、税收、产业及道义等多方面支持。

6.海外投资风险保障机制。一是建立线上境外投资保障生态平台。将本省各境外合作区作为海外服务中心，通过自营或撮合当地专业中介机构的方式，运用大数据、区块链技术向入区企业提供精准政治风险、外汇波动风险、税务风险、法律合规风险等综合风险管理服务。二是建立对东盟国家的全面风险预警和商机监测常态化机制。通过设置课题，推动智库建立科学合理的东盟国家在宏观国别、中观行业的风险预警与评估框架；政府部门通过采购外部服务的方式，组织智库建立为合作区入区企业服务的全面风险预警和商机监测常态化机制，向走出去企业提供公共产品。

第六节　构建中国对东盟文化贸易战略

一、明确定位，做好总体规划和全局性制度安排

当前国际环境复杂多变的背景下，实现中国与东盟文化贸易高质量发展的核心问题在于明确中国对东盟文化贸易战略定位。首先，要充分考虑的是新发展格局下国内传播生态以及部分东盟国家政局不稳等多变因素催生的地区传播环境，在对国内传播生态判断的基础上，制定中国对东盟文化贸易战略定位。厘清中国对东盟文化贸易目标国，在此基础上形成中国对东盟文化贸易战略实施的方向、层次、重点，并根据东盟目标国，尤其是注重对文化同源性的国家开展该国民众文化消费需求和心理趋势研究，有的放矢地向对象国家提供文化接纳度较高的文化产品，确定战略定位的合理有效。其次，实现中国与东盟文化贸易高质量发展，应依据战略定位对战略执行做好总体规划和全局性制度安排，统筹谋划，有机协调中央与地方的关系，各执行部门应明确定位目标和分工任务，根据战略目标明确国家、企业、个人等多个主体的职责，科学布局，共推各方有效执行。

二、强调文化身份，提升叙事能力

中国文化是中华优秀传统文化与优秀现代文化的集合体；中国文化符号象征也并不停留在"京剧""四合院"的符号解读上，而是要挖掘符号背后所蕴含的文化内涵。基于此对中国文化的谱系梳理，从中华优秀传统文化、革命文化、社会主义先进文化三大文化体系中发掘出适合走出去的文化元素，提炼并建构清晰的国家形象定位和中国文化身份，并以符号化的文化作品与文化产品对价值观进行包装输出。可以说，文化价值观、文化符号、文化产品三个圈层构成了中国文化走出去的内容支撑体系，在此基础上，使用多种呈现手法和传播渠道助力本国文化在国外不同文化背景中的解读。要看到，一国的国家文化软实力与其在国际社会的认知度密切相关，而这种认知度又源自国家文化的叙事能力。中国与东盟文化贸易实现高质量发展，需要中国对东盟具备较高的叙事能力，即在东盟国家讲好中国故事，需要在故事内容和内容呈现形式上探索求新，追求高品质。因此，中国在东盟国家需要学会选择好故事，讲好故事，呈现讲好故事的内容体系比故事本身内容更重要，对东盟国家讲好故事，应明确讲好中国故事的标准、讲好中国故事的内容以及讲好中国故事的传播策略，建立起讲好中国故事在东盟传播的呈现体系。经济全球化发展趋势不可逆转，促进了各国间的相互联系和相互依存程度加深，全球越来越成为一个相互依赖、紧密联系的整体，中国东盟命运共同体思想，反映的是建立地区和国际关系新秩序的美好愿景和国际关系规范发展方向。中国文化强调"和而不同，兼收并蓄"，中国文化中和平、仁爱、天下一家的思想理念，中国人对于人性中真、善、美的追求，这些与东南亚国家强调的秉承谦逊、耐心、求同存异、殊途同归的理念相通，这也是中国在东盟国家跨文化传播的理念支撑。因此，在东盟国家讲好中国故事，需要中国又超越中国，基于故事又超越故事，基于民族又超越民族，基于世界又超越世界，将中国的好故事资源转化为东盟国家认同的话语体系，在东盟国家中更好建构中国国家的文化形象，提升中国文化在东盟的传播能力。

三、拓展传播渠道，以市场化导向为主推力

随着全球商业化趋势日益清晰，文化产品传播在实现中国与东盟文化高质量发展目标中发挥的作用更加凸显。文化产品是文化价值观的传播载体，文化产品消费的本质是文化价值观传播的动态过程。中国对东盟文化贸易中，应注重将自身的优秀图书、电子出版品、电影、游戏等以文化产品为基础作为主推方向。当前这些文化产品内容是国家主导的。未来，通过积极培育文化产业发展壮大，可以打造更多、更优质的文化产品，创新创意文化内容呈现形式，完善文化产品传播链条以及版权保护制度。随着中国文化"走出去"步伐不断加大，文化产业的发展壮大肩负着一国的战略意识，因此需要中国加快建立与文化"走出去"战略相配套的现代化文化产业支撑体系。

与此同时，加大中国文化在东盟国家的传播力度，需要认识到东盟各国民众的不同社会阶层文化消费能力，以及文化消费需求和习惯，东盟国家民众的文化消费需求的满足感和使用价值是衡量中国文化在东盟国家走出去，并能够成功立足的标准。最为关键的是，建立"互联网＋"的反馈和效果机制，利用人工智能、区块链、大数据调

研等高新技术，能够更有效地让中国更好地了解东盟市场的受众，并能及时根据东盟十国的受众差异，改进文化传播能力的运营模式，加以完善和及时调整整体策略。此外，应重视以企业为文化主体的传播行为，注重市场力量，注重发挥中国文化企业集体抱团出海的方式，更加注重占据东盟文化市场份额的市场导向性的发展策略。注重以东盟国家的民众需求与市场需求为导向的参考，有步骤、有意识地针对东盟各国采取差异化策略，提供更有针对性、更有竞争力的文化产品，探索政府搭台、企业唱戏，探索多种产业运营模式，用市场化运作的形式推动中国在东盟国家的文化传播力，实现中国文化产品在国际市场的资源配置与流通，并形成强大的文化竞争力和影响力。

参考文献

1. 汪浩帆、黄依薇:《"一带一路"背景下中国与东盟文化产品贸易关系分析》,《商场现代化》2019 年第 5 期。

2. 彭雪清、夏飞、陈修谦:《文化认同是中国对东盟文化产品出口的催化剂吗——基于 LSDV 的实证检验》,《国际经贸探索》2019 年第 12 期。

3. 张欣、王子泰、陈宇豪:《中国与东盟国家文化产品贸易效率及潜力分析》,《统计与决策》2019 年第 13 期。

4. 李红、彭慧丽:《区域经济一体化进程中的中国与东盟文化合作:发展、特点及前瞻》,《东南亚研究》2013 年第 1 期。

5. 何颖:《"一带一路"视野下构建中国—东盟文化保税区的思考》,《改革与战略》2015 年第 10 期。

6. 方英、李怀亮、孙丽岩:《中国文化贸易结构与贸易竞争力分析》,《商业研究》2012 年第 1 期。

7. 解桂海:《"一带一路"背景下构建面向东盟的广西文化软实力研究》,《中国—东盟研究》2020 年第 3 期。

8. 李小牧、李嘉珊:《国际文化贸易:关于概念的综述和辨析》,《国际贸易》2007 年第 2 期。

9. 蒋多、王海文:《优化我国对外文化服务贸易统计制度的思路与方法》,《中国海洋大学学报（社会科学版）》2014 年第 5 期。

10. 史轩亚、陈丽霞、朱斌:《福州市自贸区发展方向选择研究》,《海峡科学》2015 年第 5 期。

11. 孔小妹、龙子午：《"一带一路"战略下中国粮油企业"走出去"风险及应对措施》，《粮食科技与经济》2017 年第 3 期。

12. 高歌：《巧用中国—东盟自由贸易区原产地规则　扩大中国与东盟的投资合作》，《东南亚纵横》2011 年第 11 期。

13. 迟福林：《以高质量发展为核心目标建设现代化经济体系》，《行政管理改革》2017 年第 12 期。

14. 敖日格乐：《公安机关防范打击暴力恐怖事件的对策思考》，《云南警官学院学报》2016 年第 1 期。

15. 周方冶：《中美战略博弈下的东南亚"地缘引力结构"解析：路径与方法》，《社会科学文摘》2020 年第 11 期。

16. 郑坤：《经济全球化下的贸易保护问题》，《合作经济与科技》2007 年第 21 期。

17. 张亚斌、雷日辉：《论对外贸易中的大国优势》，《湖南商学院学报》2009 年第 4 期。

18. 王勤：《当代国际竞争力理论与评价体系综述》，《国外社会科学》2006 年第 6 期。

19. 谷合强：《"一带一路"与中国—东盟经贸关系的发展》，《东南亚研究》2018 年第 1 期。

20. 祁述裕：《中国文化产业竞争力报告》，社会科学文献出版社 2004 年版，第 34 页。

21. 沈晓晴等：《我国文化贸易现状与发展对策研究》，《中国市场》2010 年第 13 期。

22. 张玉国、朱筱林：《文化、贸易和全球化（上）》，《中国出版》2003 年第 1 期。

23. 臧新等：《文化亲近、经济发展与文化产品的出口——基于中国文化产品出口的实证研究》，《财贸经济》2012 年第 10 期。

24. 王晓芳、魏政文：《文化产品国际贸易理论综述》，《中国经济导刊》2012 年 5 月上。

25. 蒋多、王海文：《优化我国对外文化服务贸易统计制度的思路与方法》，《中国海洋大学学报（社会科学版）》2014 年第 5 期。

26. 胡鞍钢等:《高质量发展:历史、逻辑与战略布局》,《行政管理改革》2019 年第 1 期。

27. 许光伟:《〈资本论〉商品章的逻辑解析》,《江汉论坛》2014 年第 7 期。

28. 叶林:《马克思主义经济学中的价值概念》,《理论月刊》2002 年第 1 期。

29. 王勤、赵雪霏:《论中国—东盟自贸区与共建"一带一路"》,《厦门大学学报(哲学社会科学版)》2020 年第 5 期。

30. 杜俊义:《中国—东盟对外文化贸易基地建设研究》,《广西大学学报(哲学社会科学版)》2014 年第 2 期。

31. 曹云华、孙锦:《东南亚经济发展的地缘政治影响》,《东南亚纵横》2020 年第 1 期。

32. 任玉娜:《中国—东盟共建数字丝绸之路:现状、动力与挑战——基于数字经济的视角》,《全球化》2020 年第 3 期。

33. 胡海清、许垒:《电子商务模式对消费者线上购买行为的影响研究》,《软科学》2011 年第 10 期。

34. 唐瑀晗:《基于文化视角下会展发展问题的研究》,《商场现代化》2012 年第 33 期。

35. 郑玲:《2011 年中国—东盟关系:成效与挑战》,《东南亚纵横》2012 年第 5 期。

36. 王志平:《上海合作组织防务安全合作发展的文化认知——以我国西北边疆安全为牵引的思考》,《西北民族论丛》2016 年第 2 期。

37. 蔡鹏鸿:《美印"2+2"对话和安全合作对印太安全的影响和挑战》,《当代世界》2018 年第 11 期。

38. 罗伯特·L. 夏洛克、王勉、许家成、徐添喜:《生活质量的跨文化属性研究》,《残疾人研究》2017 年第 2 期。

39. 张斌、张莉、胡云莉:《进一步促进中国—东盟人文交流路径研究》,《东南亚纵横》2018 年第 6 期。

40. 吴广海:《知识产权人才需求导向下高校实践教学的优化问题》,《中国科技信息》2013 年第 7 期。

责任编辑：刘敬文
封面设计：王欢欢

图书在版编目（CIP）数据

"一带一路"倡议下中国与东盟文化贸易高质量发展研究／杨耀源 著 . —
　北京：人民出版社，2021.9
ISBN 978 - 7 - 01 - 023652 - 0

I.①一··· Ⅱ.①杨··· Ⅲ.①文化产业－国际贸易－贸易发展－研究－中国、
　东南亚国家联盟　Ⅳ.① G114

中国版本图书馆 CIP 数据核字（2021）第 161986 号

"一带一路"倡议下中国与东盟文化贸易高质量发展研究
YIDAIYILU CHANGYI XIA ZHONGGUO YU DONGMENG WENHUA MAOYI
GAOZHILIANG FAZHAN YANJIU

杨耀源　著

人民出版社 出版发行
（100706　北京市东城区隆福寺街 99 号）

中煤（北京）印务有限公司印刷　新华书店经销

2021 年 9 月第 1 版　2021 年 9 月北京第 1 次印刷
开本：710 毫米 ×1000 毫米 1/16　印张：11
字数：128 千字

ISBN 978 - 7 - 01 - 023652 - 0　定价：45.00 元

邮购地址 100706　北京市东城区隆福寺街 99 号
人民东方图书销售中心　电话（010）65250042　65289539